Modersohn & Freiesleben

Im Gebrauch / In Use

Choriner Straße, Berlin

Seebeck, Brandenburg

Melzow, Brandenburg

Seebeck, Brandenburg

Lützowplatz, Berlin

Neue Roßstraße, Berlin

Lützowplatz, Berlin

Modell Melzow

Melzow, Brandenburg

Seebeck, Brandenburg

Althüttendorf, Brandenburg

Bad Saarow, Brandenburg

Bad Saarow, Brandenburg

Melzow, Brandenburg

Potsdamer Platz, Berlin

Simrishamn, Schweden
Mosaik / Mosaic: Jan Svenungsson

Choriner Straße, Berlin

Simrishamn, Schweden

Choriner Straße, Berlin

Beisheim Center, Berlin

Neue Roßstraße, Berlin

Seebeck, Brandenburg

Simrishamn, Schweden

Queenstown, Kanada

Melzow, Brandenburg

Queenstown, Kanada

Bad Saarow, Brandenburg

Potsdamer Platz, Berlin

Paretz, Brandenburg

Choriner Straße, Berlin

Seebeck, Brandenburg

Althüttendorf, Brandenburg

Althüttendorf, Brandenburg

Schmargendorf, Berlin

Schmargendorf, Berlin

Forola, Italien

Queenstown, Kanada

Forola, Italien

Bad Saarow, Brandenburg

Althüttendorf, Brandenburg, 2006

Althüttendorf, Brandenburg, 2020

Chausseestraße, Berlin

Schmargendorf, Berlin

Schmargendorf, Berlin

Pestalozzistraße, Berlin

Forola, Italien

Queenstown, Kanada

Choriner Straße, Berlin

Beisheim Center Berlin

Wallstraße, Berlin

Modersohn & Freiesleben
Wirklichkeit / Reality

Modersohn & Freiesleben

Wirklichkeit / Reality

PARK BOOKS

Perhaps the time is now ripe to take stock, eleven years after Tobias Zepter's book *The Life of Things* focused on our architectural stance, twenty-six years after our office was founded. An exhibition of our buildings in Cesena, Italy, has provided the occasion for a renewed reflection and presentation of the results of our work in the form of this book.

We present here a concentrated selection, six houses in the country and six in the city.

Our friend Oda Pälmke gave us the gift of a text, as did our friends Hans van der Heijden, Ijoma Mangold, and Tobias Zepter. They have dealt intensively with our statements, our lifepath (which they have also partially accompanied for quite some time), and our buildings. We feel understood and honoured by them. We thank them from the bottom of our hearts.

We especially thank our clients for their trust—how enriching our exchanges with them have been. Two of those clients, Katrin von Maltzahn and Jan Svenungsson, have not yet been able to move into their house—completed, if not yet used—due to the challenges of this particular moment in time. Nevertheless, they have written about and photographed it.

And our greatest thanks go to our employees.

We work as independently as possible and as abstractly as necessary. But what interests us most is the specific: Buildings are answers to questions that people ask themselves.

They become real, haptic and optical. They become everyday life, the background to life. Buildings bear witness to processes and decisions; after all, they are reality. And ultimately there is only one reality: the one we are working on.

Vielleicht ist die Zeit nun reif, eine Bilanz zu ziehen, elf Jahre nach dem Buch *Das Leben der Dinge* von Tobias Zepter über unsere architektonische Haltung, 26 Jahre nach Gründung unseres Büros. Eine Ausstellung unserer Bauten in Cesena, Italien, ist der Anlass für ein erneutes Reflektieren und Präsentieren der Ergebnisse unserer Arbeit in Form dieses Buches.

Wir stellen hier eine konzentrierte Auswahl vor, sechs Häuser auf dem Land und sechs in der Stadt.

Unsere Freundin Oda Pälmke hat uns einen Text geschenkt, ebenso unsere Freunde Hans van der Heijden, Ijoma Mangold und Tobias Zepter. Sie haben sich intensiv mit unseren Äußerungen auseinandergesetzt, mit unserem Lebensweg, den sie teilweise schon lange begleiten, und mit unseren Bauten. Wir fühlen uns von ihnen verstanden und geehrt. Wir danken ihnen von Herzen.

Unseren Bauherr*innen danken wir besonders für das Vertrauen – welche Bereicherung haben wir durch den Austausch mit ihnen erfahren. Zwei von ihnen, Katrin von Maltzahn und Jan Svenungsson, haben ihr Haus durch die Widrigkeiten dieser Zeit noch nicht beziehen können. Sie haben dennoch darüber geschrieben und das gerade fertiggestellte, noch nicht benutzte Haus fotografiert.

Und unseren Mitarbeiter*innen gilt unser größter Dank!

Wir arbeiten so unabhängig wie möglich und so abstrakt wie nötig. Was uns aber besonders interessiert, ist das Konkrete: Bauten sind Antworten auf Fragen, die man sich stellt.

Sie werden wahr, haptisch und optisch, sie werden Alltag, Hintergrund für das Leben. Gebäude zeugen von Prozessen und Entscheidungen, schließlich sind sie die Wirklichkeit. Und: Es gibt nur eine Wirklichkeit, daran arbeiten wir.

An Italian Journey

Tobias Zepter

In 2007 Antje spent three months at the Casa Baldi in Olevano.

I visited her there a couple of times and though Antje and Johannes were both regularly in Italy, both before and after, my impression was that this stay changed their attitude towards architecture.

She had prepared herself and learned Italian, pretty well as far as I could tell. I don't speak Italian, however, so I can't judge, but everywhere we went she ran into friends, she'd joined the church choir, and she seemed to know someone on every corner.

We did some shopping, drank coffee in the café under the wild canopy at the entrance to town (and every other one that offered it), ate *tramezzini*, and walked through the narrow streets by whose grey walls the grey autumn sky was cut into angular surfaces that Antje later had a laser cutter turn into a giant puzzle (**1**, **2**).

1

Stepping into Olevano's old town is like entering an organic environment. There everything is necessary, like the direct expression of a way of life, not drawn.

The walls are made of stone and brick, the openings span flat lintels, arches, apex arches, and vaults. The ceilings and roofs are of wood, and covered with clay tiles. Then there are wooden windows and doors, some out of wrought iron, local materials, from which small liberties are wrested with great skill.

It is a world of yesterday whose necessities sparkle all the more picturesquely the less the underlying constraints still apply. Such things still exist in many places, in Italy's countryside as well as in France and sometimes in England, but no longer in Germany (**3**, **4**).

3

Eine italienische Reise

Tobias Zepter

2007 verbrachte Antje drei Monate in der Casa Baldi in Olevano.

Ich habe sie dort ein paarmal besucht, und auch wenn Antje und Johannes regelmäßig in Italien waren, vorher und auch nachher, so war mein Eindruck, dass dieser Aufenthalt ihre Haltung zur Architektur neu ausrichtete.

Sie hatte sich vorbereitet und Italienisch gelernt, ziemlich gut fand ich, als ich sie besuchte. Ich spreche nicht Italienisch, kann es also gar nicht beurteilen, aber wir gingen durch den Ort, sie traf Bekannte, war dem Kirchenchor beigetreten und unterhielt sich an jeder Ecke.

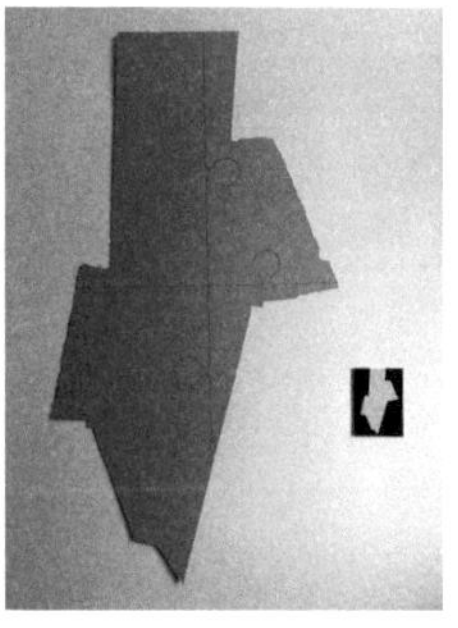

2

Wir machten Einkäufe, tranken Kaffee in der Bar unter dem wilden Vordach am Ortseingang und in jeder anderen, die sich anbot, aßen Tramezzini und stiegen durch die schmalen Gassen, von deren grauen Mauern der graue Herbsthimmel in kantige Flächen zerschnitten wurde, die Antje später vom Lasercutter als Riesenpuzzle schneiden ließ (**1**, **2**).

In die Altstadt von Olevano taucht man ein wie in eine gebaute Umwelt. Hier ist alles notwendig und gebaut, wie die direkte Äußerung einer Lebensweise, und nichts gezeichnet.

Die Mauern sind aus Stein und Ziegel, die Öffnungen überspannen Flachstürze, Bögen, scheitrechte Bögen und Gewölbe. Die Decken und Dächer sind aus Holz, gedeckt mit Tonziegeln. Dann gibt es Fenster und Türen aus Holz, einige schmiedeeiserne Arbeiten, lokale Materialien, denen mit großem Können kleine Freiheiten abgerungen werden.

4

Es ist eine vergangene Welt, deren Notwendigkeiten umso pittoresker funkeln, je weniger die zugrundeliegenden Zwänge noch wirken. So etwas gibt es überall noch, auf dem Land in Italien und auch in Frankreich und manchmal in England, aber nicht mehr in Deutschland (**3**, **4**).

Roman Strolls

And then we travelled to Rome and walked through the city.

We saw the quarter designed by Ludovico Quaroni und Mario Ridolfi along the Via Tiburtina (**5**, **6**), an enchanting and highly artificial experiment in simple building, in which the freedom of modernity is used to simulate the necessities of pre-modernity. Or does the poverty of the post-war period become productive in order to inoculate modernity's arbitrariness with necessities?

5

Enthusiastic about Ridolfi, we crept into the gardens around the tower blocks on Viale Ethiopia; here Antje's knowledge of Italian opened the door too, as it so often did.

The structured and differentiated architectural grammar is beautiful and sensual. At every joint you can feel the craftsmen's work. The high density is contrasted with the intimacy of the gardens and entrances; some are a little out of place, some bizarre and elegant, but all are timeless and reminiscent of the past in a peaceful way.

Another time we walked through the streets just behind the central train station, in Esquilino (**7**), clearly a suburb not too long ago, narrow front gardens separated by walls and fences with a great variety of detached, almost villa-like houses standing close together, playing out a reduced classical vocabulary, rusticated pedestals, balconies at times with consoles, at times with cantilevered slabs. Still almost new houses but from another time, in this old town, in whom it must really be a great pleasure to live.

7

We usually left out the really big miracles, but if there was a church on the way we went inside and there were, of course, plenty of opportunities. We marvelled at the abundance of details, such as the marble incrustations on the floor (**8**), whose infinite variety creates a large and ordered surface that can be read like a book of patterns, or the gilded ceiling beams that lift huge loads over the nave, thus revealing their work while at the same time opening up the sky in a glittering whirl of friezes and meanderings running across it. But that is not what this is all about, not even the mighty columns and arches, stratified in the grammar of their orders; all of this forms the almost unreal, shining background of everyday life because building, for all its splendour, is always directly connected with it, like the brick floor in Palazzo Doria Pamphilj's mirror gallery, which after centuries almost manages to shimmer as well (**9**).

8

Next we headed for EUR, an area—it would be hard to call it a quarter—not all that suitable for strolling. We got stuck right on the axis between the Palazzo dei Congressi (**10**) and the, at that moment, empty "Square Colosseum" where Fendi resides today. The busy emptiness will likely remind a Berliner a little of the federal buildings on the Spreebogen, but Berlin is more deserted.

10

6

Und dann sind wir nach Rom gefahren und durch die Stadt gelaufen.

Wir haben das Stadtviertel an der Via Tiburtina von Ludovico Quaroni und Mario Ridolfi angesehen (**5**, **6**). Ein bezaubernder und hochartifizieller Versuch in einfachem Bauen, bei dem die Freiheit der Moderne dazu gebraucht wird, die Notwendigkeiten der Vormoderne zu simulieren. Oder wird die Armut der Nachkriegszeit produktiv, um die Willkür der Moderne mit Notwendigkeiten zu impfen?

Begeistert von Ridolfi haben wir uns in die Gärten um die Türme an der Viale Ethiopia geschlichen, Antje's Italienischkenntnisse öffneten hier, wie oft, die Türe.

Die strukturierte und differenzierte bauliche Grammatik ist schön und sinnlich. An jeder Fügung spürt man die Arbeit der Handwerker. Der hohen Dichte steht die Intimität der Gärten und Eingänge gegenüber, manches ist ein bisschen abgewohnt, manches skurril und elegant und alles auf eine friedliche Weise zeitlos und von gestern.

Ein andermal sind wir durch Straßen gleich hinter dem Hauptbahnhof spaziert, im Esquilino (**7**), offensichtlich vor noch nicht allzu langer Zeit Vorstadt, mit Mauern und Zäunen abgetrennte schmale Vorgärten, in denen freistehende, fast villenartige Häuser stehen, dicht an dicht in großer Vielfalt ein reduziertes klassisches Vokabular ausspielend, rustizierte Sockel, Balkone mal mit Konsolen, mal kragende Platten. Fast noch neue Häuser aus einer anderen Zeit, in dieser alten Stadt, in denen zu leben ein großes Vergnügen sein muss.

Die ganz großen Wunder haben wir meistens ausgelassen, aber wenn eine Kirche am Weg lag, sind wir hineingegangen und es liegt ja häufig eine da. Wir haben gestaunt über die Überfülle an Details wie die Marmorinkrustationen (**8**) auf dem Boden, deren unendliche Vielfalt eine große und geordnete Fläche ergibt, die man lesen kann wie ein Musterbuch, oder die vergoldeten Balken der Decken, die riesige Lasten über das Kirchenschiff stemmen und diese Arbeit auch deutlich machen und zugleich den Himmel öffnen, im glitzernden Wirbel der Friese und Mäander, die sich über sie hinweg ziehen. Aber darum geht es hier gar nicht im Speziellen, auch nicht um die mächtigen Säulen und Bögen, geschichtet in der Grammatik ihrer Ordnungen, all das bildet den beinahe unwirklich glänzenden Hintergrund des alltäglichen Lebens und Bauens und ist bei aller Pracht immer wieder ganz direkt mit ihm verbunden, wie der nach Jahrhunderten ebenfalls fast spiegelnde Ziegelboden in der Spiegelgalerie des Palazzo Doria Pamphilj (**9**).

9

Dann haben wir einen Spaziergang durch EUR gemacht.
Das Gebiet, man mag es kaum ein Viertel nennen, bietet sich ja nicht wirklich an zum Flanieren. Wir sind gleich an der Achse zwischen Kongresspalast (**10**) und dem damals leerstehenden

Here, not only was there the Caffè Palombini and restaurants and snack bars, but the Museum of Roman Civilization as well with its huge model of the ancient city and a profusion of other finished models and plaster casts. Surrounded by long rows of senseless cylindrical columns on its exterior, this all becomes a pleasure at the second glance and is also somehow photogenic. Sadly, however, for years the museum has been closed.

Speaking of fascist architecture, we also had a look at Sapienza University and discovered Gio Ponti's Institute of Mathematics, a Janus-faced house that joins the axes of its ostentatious colleagues at the front, but elegantly keeps them at a distance before becoming dramatic towards the rear, almost like a Melnikov-style étude.

And the Olympic village, no longer fascist, completely functionalist, but still by Libera and Moretti. And once again Libera in the INA Casa Tuscolano quarter (**11**): despite all the formalism, an almost surreal exercise in village life. Perhaps we were swept away even more by de Renzi and Muratori, who kept things less rural than Ridolfi and Quaroni initially; but despite the eternally long blocks of buildings here too there still remains something of a village. On the one hand, the neo-Realist city seems to be a nostalgic exercise; on the other, every lively, big city consists of a multitude of villages and no settlement that avoids the nostalgic element is ever completely alive.

And, last but not least, we walked the entire length of the Via Flaminia (**12**, **13**), yet again discovering all that is possible.

12

I am talking about these walks because they are the story of a liberation. In this whirlwind of architecture with the old town of Olevano as its centre, it has become clear that modernity means freedom and not compulsion and rule.

Rules are often the condition of beauty and freedom and therefore necessary. But the sovereign acceptance of necessity is the prerequisite of an attitude that can perceive the possibility of freedom.

The pre-modern environment "around 1800" is more harmonious than the world after the Enlightenment and industrialisation and whoever listens to Bach can hear that. And yet, we contemporaries have more possibilities. And we can, as Josef Frank says, "use everything that can be used" and that is fun (**14**, **15**, **16**) and that can also go wrong.

Enlightened architecture frees itself from self-inflicted dependencies and carefully chooses "Gschnas for the soul."

14

15

16

Bogenwunderhaus, in dem heute Fendi residiert, hängen geblieben. Die geschäftige Leere erinnert den Berliner ein wenig an die Bundesbauten auf dem Spreebogen, aber da ist es öder. Hier gab es nicht nur das Caffè Palombini und Restaurants und Imbisse, sondern schließlich auch das Museo della Civiltà Romana mit dem riesigen Modell der antiken Stadt und einer Überfülle an weiteren abgearbeiteten Modellen und Gipsgüssen. Außen herum stehen lange Reihen sinnloser zylindrischer Säulen und das alles wird zu einem Vergnügen auf den zweiten Blick und fotogen ist es auch irgendwie. Leider ist das Museum jetzt schon seit Jahren geschlossen.

11

Wo wir von faschistischer Architektur sprechen, wir haben uns auch die neue Sapienza Universität angesehen und das Institut für Mathematik von Gio Ponti entdeckt, ein janusköpfiges Haus, das sich vorne in die Achsen der protzenden Kollegen einreiht, sie aber mit Eleganz auf Distanz hält und hinten dramatisch wird, fast wie eine *étude à la Melnikov*.

Und das olympische Dorf, nicht mehr faschistisch, ganz funktionalistisch, aber immer noch von Libera und Moretti. Und wieder Libera im Quartiere INA Casa Tuscolano (**11**), bei allem Formalismus eine fast surreale Übung in Dörflichkeit. Vielleicht noch mehr mitgerissen haben uns hier de Renzi und Muratori, die es weniger ländlich halten als eingangs Ridolfi und Quaroni, aber trotz der ewig langen Gebäuderiegel ist auch hier noch ein Rest von Dorf erhalten. Einerseits scheint die neorealistische Stadt eine nostalgische Übung zu sein, andererseits besteht jede lebendige, große Stadt aus einer Vielzahl von Dörfern – und keine Siedlung, die das nostalgische Element vermeidet, ist jemals ganz lebendig.

13

Und am Ende sind wir einmal ganz die Via Flaminia (**12**, **13**) heruntergelaufen und haben noch einmal festgestellt, was alles möglich ist.

Ich erzähle von diesen Spaziergängen, weil sie die Geschichte einer Befreiung sind. In diesem Wirbelwind von Architektur mit der Altstadt von Olevano als Zentrum ist klar geworden, dass Moderne Freiheit bedeutet und nicht Zwang und Regel.

Regeln sind oft die Bedingung der Schönheit und der Freiheit und also notwendig. Die freie und souveräne Akzeptanz der Notwendigkeit ist aber die Voraussetzung einer Haltung, die die Möglichkeit zur Freiheit wahrnehmen kann.

Die vormoderne Umwelt „um 1800" ist harmonischer als die Welt nach Aufklärung und Industrialisierung und wer Bach hört, kann das hören. Aber wir Zeitgenossen haben mehr Möglichkeiten. Und dabei können wir, wie Josef Frank sagt, „alles verwenden was man verwenden kann", und das macht Spaß (**14**, **15**, **16**) und kann daneben gehen.

Aufgeklärte Architektur befreit sich aus selbst verschuldeten Abhängigkeiten und wählt den „Gschnas fürs Gemüt" mit Bedacht.

14 Rodgau, *Dudenhöfer Straße*
15 Erfurt, *Neue Gartenstadt mit Systhem*
16 Berlin, *WerkbundStadt*

Details, Reflections

Oda Pälmke

● The playful motif
(of the railings of an office building's one hundred fifty-three windows)

● The precise setting
(of a door cut-out beneath the thirty-metre long beam of a bungalow)

● The timeless materialization
(of the lintels of a residential building ensemble)

They are narrative details, like pictures, which spontaneously appear before the mind's eye and trigger further reflections on the architectural work of Antje Freiesleben and Johannes Modersohn. Complimenting one another subtly and memorably, naturally and remarkably, in an ordinary way and yet undeniably worth seeing, they interweave within memory to form a single work.

> "Our constructions are based on a design idea [...] that is pursued and checked down to the smallest detail. Conversely, all the little things combine to form one great, living whole." [1]

Memorable

The exhibition *Hybrid—Modersohn & Freiesleben with Katrin von Maltzahn* at the Architektur Galerie Berlin in April and May 2008 was both a conceptual piece and a structure at the same time. The construction of an ideal design idea experienced as a physically realized, walkable thought united the abstract and the concrete.

> "Our work results in the creation of space. The experience of space is the assimilation of consecutive impressions and the understanding of their connections." [2]

In the form of an exhibition Antje Freiesleben and Johannes Modersohn show how they work: They transform a white cube into an enfilade of three rooms. They construct. They order. They cite. They serve and frame the exhibited works of their artist friend.

The exhibition exhibits itself. All the guests feel the effect of the architectural image. The simultaneity of spatial restriction and intellectual architectural expansion seems to be self-evident, the invisibility of the installation's offensive materialization is based on the knowledgeable use of a transparent order underlying the space. The exhibition was the opposite of a grand show. Its richness unfolded through the feeling, imagination, and memory of analogous spatial situations. Guests described the evening of the opening as extremely successful.

1 https://archipendium.com/architekten/modersohn-freiesleben/

2 Antje Freiesleben, *Alfred Grazioli: Der gedachte Raum. Methodik einer Architekturentwurfslehre*, Gebr. Mann Verlag, Berlin 2013, p. 71

Details, Betrachtungen

Oda Pälmke

● Das verspielte Motiv (der Geländer der hundertdreiundfünfzig Fenster eines Bürogebäudes)

● Die präzise Setzung (des Türausschnittes unter dem dreißig Meter langen Unterzug eines Bungalows)

● Die zeitlose Materialisierung (der Fensterstürze eines stadtraumbildenden Wohngebäudeensembles)

Es sind erzählende Details, Bildern gleich, die spontan vor dem geistigen Auge auftauchen und weitergehende Betrachtungen zum architektonischen Werk von Antje Freiesleben und Johannes Modersohn auslösen. Sie verweben sich in der Erinnerung und ergänzen einander subtil und einprägsam, selbstverständlich und bemerkenswert, alltäglich und sehenswürdig zu einem Werk.

> „Unsere Bauten beruhen auf einer Entwurfsidee, [...] diese wird bis ins kleinste Detail verfolgt und überprüft. Umgekehrt bilden die kleinen Dinge ein großes, lebendiges Ganzes." [1]

Einprägsam

Die Ausstellung *Hybrid – Modersohn & Freiesleben mit Katrin von Maltzahn* in der Architektur Galerie Berlin im April / Mai 2008 war eine konzeptionelle Arbeit und ein Bauwerk zugleich. Die reale Errichtung einer idealtypischen Entwurfsidee, die als ein gebauter Gedanke erlebt, durchschritten werden konnte, vereinte Abstraktion und Konkretion.

> „Raumbildung ist das Ergebnis unserer Arbeit. Das Erlebnis von Räumen ist ein Aufnehmen von aufeinander folgenden Eindrücken und das Verstehen der Zusammenhänge." [2]

In Form einer Ausstellung zeigen Antje Freiesleben und Johannes Modersohn also, wie sie arbeiten: Sie verwandeln einen *white cube* in eine Enfilade dreier Räume. Sie bauen. Sie ordnen. Sie zitieren. Sie dienen und rahmen die ausgestellten Kunstwerke der befreundeten Künstlerin.

Die Ausstellung präsentiert sich selbst. Alle Gäste empfinden die räumliche Wirkung des architektonischen Bildes. Die Gleichzeitigkeit der räumlichen Einschränkung und der gedanklichen architektonischen Erweiterung erscheint selbstverständlich, die Unsichtbarkeit der offensiven Materialisierung der Installation beruht auf dem kenntnisreichen Einsatz einer dem Raum zugrundeliegenden, transparenten Ordnung. Die Ausstellung war das Gegenteil einer *Grand Show*. Sie entfaltete ihren Reichtum durch das Empfinden, die Vorstellung und die Erinnerung an analoge Raumsituationen. Die Besucher*innen beschrieben den Abend der Eröffnung als überaus gelungen.

1 https://archipendium.com/architekten/modersohn-freiesleben/

2 Antje Freiesleben, *Alfred Grazioli: Der gedachte Raum. Methodik einer Architekturentwurfslehre*, Gebr. Mann Verlag, Berlin 2013, S. 71

Remarkable

The apartment building on Choriner Straße in Berlin's Mitte district is renowned, and as large as it is invisible. Walking by one doesn't notice it. The entrance hall lies in the middle of the building, flanked by two projecting bay windows like two columns that fail to reach the ground. Already within before you've even set foot inside, your gaze goes directly into the building's depths: the green courtyard.

> "The creation of space is what drives all building. Essentially, these are [...] hollow bodies limited by moulded matter." [3]

Opening the door reveals an inner transverse space whose narrow, long, low proportions are heightened and dematerialized by light and reflection; inherent in the latter the generosity of an intangible image. In the mirror one simultaneously sees the elevator and the entrance, oneself and one's neighbours, the street and the courtyard within the space of the building. Everything shows its best side. A carpet of cement tiles lies on the floor. The typological union of the well-known runner and the classic Berlin passageway is a precise materialization of the multiple reflections of everyday life.

> "Inevitably one looks for the sky, looks for the horizon, which formulates itself in a new and unusual way." [4]

The two oriels in the façade flanking the entrance area extend to the edge of the roof and change the silhouette of the sky above Choriner Straße. Here the building becomes detached from its context.

Worth seeing

One can see the gables of the apartment building on Forckenbeckstraße in the Schmargendorf area of Berlin from afar. Coming closer, urban dwellings bereft of context, temporary solitaires. It is both a fragmentary and an ideal situation, like an experiment on absence, necessity, and the city's existence.

> "In heavily concentrated cities it immediately becomes clear that the street and the square are the city's interior spaces. [...] And this situation can also be reversed. Wherever the street is interior space, is city." [5]

The number of identical or transformed still free-standing types already establishes a transparent order: street and courtyard can be sensed in a place that remains to be defined. The shape of the blocks or buildings—objects in any event—results mainly from their monumental silhouette. This "happens" because of the incisions of the apartment terraces, out of the necessity of an Aaltoesque quality of interior space the floor plan forms a façade reminiscent of Hanseatic gables. The building's sculptural

3 Johannes Modersohn, www.architektur.uni-kl.de/bauko3/Lehrgebiet/Lehre

4 Antje Freiesleben, *Horizonte / Orizzonti*, Villa Massimo, Rom 2008, w. p.

5 Antje Freiesleben, "Die Stadt als Raum und Körper / La città come spazio e corpo", in: Uwe Schröder (Hrsg.), *Die Idee der Stadt / L'idea della città*, Bd.III, Ernst Wasmuth Verlag, Tübingen / Berlin 2008, p. 135

Bemerkenswert

Das Wohnhaus in der Choriner Straße in Berlin-Mitte ist ein viel beschriebenes, ebenso großes wie unsichtbares Gebäude. Es fällt im Vorbeigehen nicht auf. Der Eingangsraum liegt in der Mitte des Hauses, flankiert von zwei auskragenden Erkern wie zwei Säulen, die nicht bis zum Boden reichen. Man steht schon im Haus, ohne es betreten zu haben, und erlebt den direkten Durchblick in die Tiefe des Hauses, in den grünen Hof.

> „Räume zu bilden ist Antrieb allen Bauens. [... Sie] sind grundsätzlich betrachtet Hohlkörper, die von geformter Materie begrenzt sind." [3]

Mit dem Öffnen der Tür eröffnet sich der Blick in einen inneren Querraum, dessen enge, lange, niedrige Proportion durch Licht und Reflexion überhöht und entmaterialisiert wird. Der Spiegelung wohnt die Großzügigkeit eines nicht greifbaren Bildes inne. Im Spiegel sieht man Aufzug und Eingang, sich selbst und die Nachbarn, Straße und Hof zugleich im Raum des Hauses. Alles zeigt sich von seiner besten Seite. Auf dem Boden liegt ein Teppich aus Zementfliesen. Die typologische Vereinigung aus wohlbekanntem Läufer und klassischer Berliner Durchfahrt ist präzise Materialisierung der vielfach reflektierten Alltäglichkeit.

> „Unweigerlich sucht man den Himmel, sucht nach dem Horizont, welcher sich neu und ungewohnt formuliert." [4]

Die beiden den Eingangsraum flankierenden Erker in der Fassade reichen bis zur Dachkante und verändern die Silhouette des Himmels über der Choriner Straße. Hier löst sich das Gebäude aus dem Kontext.

Sehenswürdig

Die Giebel der Wohngebäude an der Forckenbeckstraße in Berlin-Schmargendorf sind schon von Weitem sichtbar. Die Annäherung zeigt städtische Gebäude ohne Kontext, temporäre Solitäre. Es ist eine fragmentarische und idealtypische Situation, sie erscheint wie ein Experiment über die Abwesenheit, Notwendigkeit und Existenz der Stadt.

> „In stark verdichteten Städten wird es einem sofort bewusst, die Straße, der Platz sind Innenräume der Stadt. [...] Und die Bedingung lässt sich umkehren. Wo die Straße Innenraum ist, ist Stadt." [5]

Die Anzahl gleicher oder transformierter Typen baut schon oder noch freistehend eine transparente Ordnung auf: Straße und Hof können erahnt werden an einem Ort, der noch definiert werden muss. Die Gestalt der Blöcke oder Gebäude, Objekte allemal, resultiert maßgeblich aus ihrer monumentalen Silhouette. Diese „ergibt sich" aus den Einschnitten der Terrassen der Wohnungen, der Grundriss formt aus der Notwendigkeit Aaltoscher

3 Johannes Modersohn, www.architektur.uni-kl.de/bauko3/Lehrgebiet/Lehre

4 Antje Freiesleben, *Horizonte/Orizzonti*, Villa Massimo, Rom 2008, o. S.

5 Antje Freiesleben, „Die Stadt als Raum und Körper / La città come spazio e corpo", in: Uwe Schröder (Hrsg.), *Die Idee der Stadt / L'idea della città*, Bd.III, Ernst Wasmuth Verlag, Tübingen / Berlin 2008, S. 135

treatment is a timeless expression of the optimistic modesty of all reconstruction scenarios, a symbol of modernity throughout the West, East, and North.

The entrance hall lies in the middle of each building, combining the edifice's two entrances. The "building as a path and a place" begins with an external bench in a niche of the structure. Once again, one is inside before entering. On either side of this space are the entrances, deep rooms whose mirrored longitudinal walls show what indeed is opposite. Within the reflection inside and out, neighbours and rooms all meet. The entrance hall floors are chequered. The contrast of the checkerboard pattern comes to the fore, the material is secondary, just an image of floor. Above a painted panel, the wall surfaces are structured by a graphic pattern, the imitation of golden strips of yellow wall paint, executed like a decorative painting, ideally exaggerates the functional rooms. Wall and floor do not refer to each other, the humorous opulence of the motifs is pleasantly jarring and when viewed in the mirror, "more is more".

> "For ceiling, wall, and floor form a room, but it is the empty space that produces its nature." **6**

Comfortably sitting on the bench in front of the building within the building, the materialization of the structure is close enough to touch. In the corner of the niche above the bench's backrest the surfaces of the façade collide. The colourfulness of Scandinavian modernism blends in the reference system of observation with the listed façades of the "Ostmoderne", both visually and haptically.

> "How things are made and what expression they give to the form is decisive. This concerns the chosen construction, the joining of the components, the materials used, and their interaction in structure, colour, and surface." **7**

The pictorial arrangement of the different colours, surfaces, and patterns (installation directions) of the facing bricks is an expression of a motivic construction, the presented exaggeration of (constructive) reality is contradictory and complex, but this confusion is what makes it special. One feels comfortable in this condensed place.

> "What fits best, what is appropriate or changes the place for better? [...] The result are [...] buildings with rather diverse ranges. They are independent and with character." **8**

A repertoire is the stock of work that an artist or ensemble is prepeared to perform at any time. The interaction with the repertoire of Antje Freiesleben and Johannes Modersohn was and is (to me) always a pleasure.

6 Antje Freiesleben, *Alfred Grazioli: Der gedachte Raum*, p. 71

7 Johannes Modersohn, *Lehre*

8 Antje Freiesleben, *Progettazione III 2018 / 19*, Heft 1, Università di Bologna 2019

innenräumlicher Qualität eine Fassade, die an hanseatische Giebel erinnert. Die skulpturale Bearbeitung des Baukörpers ist zeitloser Ausdruck der optimistischen Bescheidenheit aller Wiederaufbau-Szenarien, Symbol einer Moderne im Westen, Osten, Norden.

Der Eingangsraum liegt in der Mitte jedes Hauses und fasst zwei Eingänge des großen Gebäudes zusammen. Das „Haus als Weg und Platz" beginnt mit einer außenliegenden Bank in einer Nische im Baukörper. Auch hier ist man schon im Haus, bevor man es eigentlich betritt. Beiderseits dieses Raumes befinden sich die Eingänge, Tiefenräume, deren verspiegelte Längswände zeigen, was tatsächlich gegenüberliegt. In der Spiegelung versammeln sich Innen und Außen, Nachbarn und Räume.
Der Boden in den Eingangsräumen ist kariert. Der Kontrast des Schachbrettmusters tritt in den Vordergrund, das Material ist zweitrangig, es ist ein Bild von Boden. Über einem aufgemalten Paneel sind die Wandflächen durch ein grafisches Muster strukturiert, die Imitation goldener Leisten aus gelber Wandfarbe, ausgeführt wie eine Schmuckmalerei, überhöht die funktionalen Räume ideell. Wand und Boden nehmen nicht aufeinander Bezug, die humorvolle Üppigkeit der Motive irritiert aufs Angenehmste und im Spiegel betrachtet wird „mehr noch mehr".

> „Denn Decke, Wand und Boden bilden zwar einen Raum, aber die Leere in ihnen bewirkt sein Wesen". [6]

Gemütlich auf der Bank vor dem Haus im Haus sitzend ist die Materialisierung des Gebäudes zum Greifen nah. In der Ecke der Nische über der Lehne der Bank stoßen die Flächen der Fassade aufeinander. Die Farbigkeit der skandinavischen Moderne vermischt sich im Referenzsystem der Betrachtung mit den denkmalgeschützten Fassaden der Ostmoderne, sowohl optisch als auch haptisch.

> „Entscheidend ist es, wie die Dinge gemacht sind und welchen Ausdruck sie der Form geben. Das betrifft die gewählte Konstruktion, die Fügung der Bauteile, die verwendeten Materialien und deren Zusammenspiel in Struktur, Farbe und Oberfläche." [7]

Die malerische Fügung der verschiedenen Farben, Oberflächen und Muster (Verlegerichtungen) der Verblendklinker(riemchen) ist Ausdruck einer motivischen Konstruktion, die vorgeführte Überhöhung von (konstruktiver) Wirklichkeit ist widersprüchlich und komplex, und diese Irritation ist das Besondere. Man fühlt sich wohl an diesem verdichteten Ort.

> „What fits best, what is appropriate or changes the place for better? [...] The result are [...] buildings with rather diverse ranges. They are independent and with character." [8]

Ein Repertoire ist die Gesamtheit der Stücke, die ein Künstler, eine Künstlerin oder ein Ensemble jederzeit aufführen kann. Die Auseinandersetzung mit dem Repertoire von Antje Freiesleben und Johannes Modersohn war und ist (mir) ein Vergnügen.

6 Antje Freiesleben, *Alfred Grazioli: Der gedachte Raum*, S. 71

7 Johannes Modersohn, *Lehre*

8 Antje Freiesleben, *Progettazione III 2018 / 19*, Heft 1, Università di Bologna 2019

Bungalow am Vielitzsee / Bungalow at Vielitzsee

Das Gelände senkt sich zum See. Eine Wand umfriedet die Plattform und öffnet sich zum Wasser. Auf der Plattform stehen Stützen, darauf liegen Balken, darüber das Dach.

The property slopes towards the lake. A wall encloses the platform and is open towards the water. There are posts on the platform, upon them rest beams, above them the roof.

Seebeck, Brandenburg
2000–2001
156 qm Wohnfläche / sqm living area

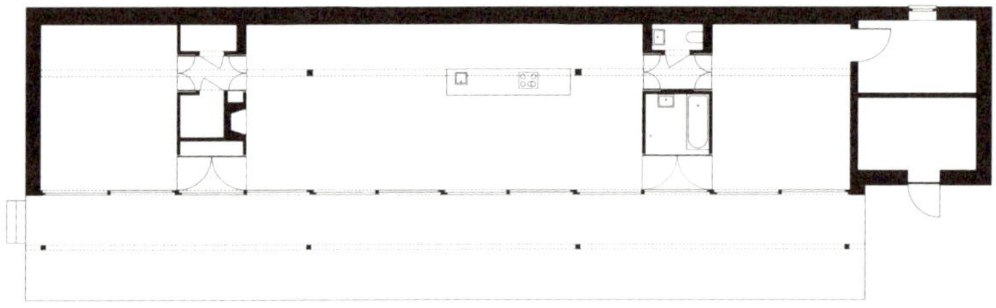

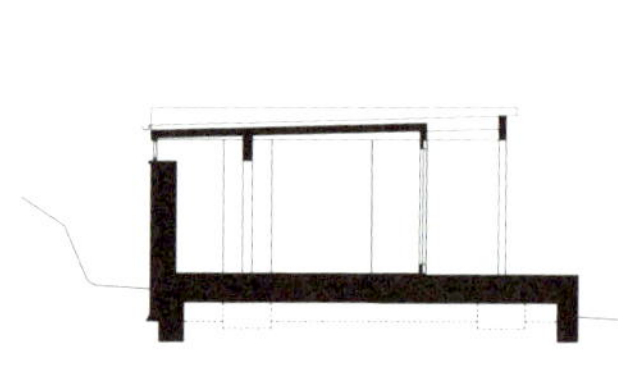

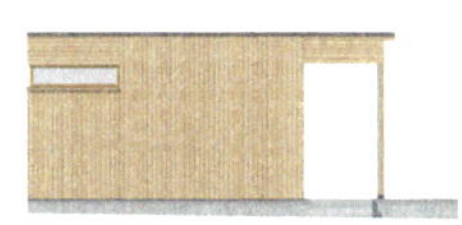

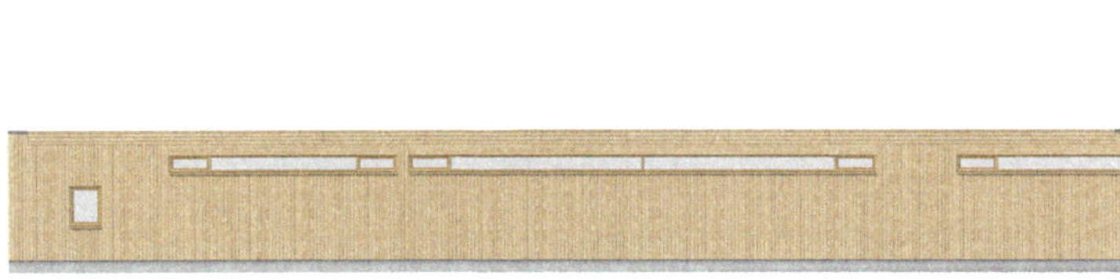

The roof projects towards the lake like an awning and the entire box looks as if it has been set down on a cement platform. Then, one notices the four pillars beneath the cantilevered ledge of the roof and the glass wall behind them. The box becomes multi-faceted, opens up. The supports are not placed at the corners and thus do not delineate a volume. The roof becomes an autonomous element, and the box becomes a loggia, a roof over a cement platform inserted into the slope. The wall offers protection from the hill, but there are no other walls or courtyards. One climbs onto the terrace, and taking a seat and looking onto the lake, has arrived.

Once upon a time it was a duck coop, say the people at Vielitzsee. A place too beautiful just for the ducks, and so the coop became a vacation house of the agricultural cooperative (LPG, Landwirtschaftliche Produktionsgenossenschaft). However, the end of the GDR was also the end of the LPG, and the vacation house decayed. But it retained the right to serve as a house at *that beautiful place. A few years later, a simple masonry construction was still standing: 30 meters across the incline and only 6 meters deep. A few rooms laid out in a row, accessed across the lake-side terrace.

Das Dach kragt zum See vor wie ein Schirm, und der ganze Kasten scheint auf einem Betonpodest abgestellt. Dann erkennt man vier Stützen unter der vorgestreckten Dachplatte und dahinter die gläserne Wand. Der Kasten wird mehrdeutig, offen. Die Stützen stehen nicht an den Ecken und markieren kein Volumen. Das Dach wird ein autonomes Element und aus dem Kasten wird eine Loggia – ein Dach auf einer in den Hang geschobenen Betonplatte. Die rahmende Mauer schützt gegen den Hang, sonst gibt es keine Wände oder Höfe, man steigt auf die Terrasse, nimmt sich einen Stuhl, blickt auf den See und ist angekommen.

Es war einmal ein Entenstall, sagen die Menschen am Vielitzsee. Ein Ort zu schön nur für die Enten, und so wurde aus dem Stall ein Ferienheim der landwirtschaftlichen Produktionsgenossenschaft. Das Ende der DDR war aber auch das Ende der LPG, und das Ferienheim verfiel – nicht aber das Recht, an dieser schönen Stelle Haus zu sein. Einige Jahre später stand noch eine einfache Mauerwerkskonstruktion: 30 Meter den Hang entlang und nur 6 Meter tief. Aneinandergereihte Zimmer, erschlossen über eine Terrasse auf der Seeseite.

Die Dachkonstruktion, die Innenwände und die Fassade zum See, deren Fenster und Türen schon vor Jahren eingeschlagen worden

The roof construction was removed, the interior walls were torn down as well as the façade facing the lake whose windows and doors had been smashed in years before. What remained was an elongated masonry U on a hefty platform and a little room at one end.

This platform is a very immediate thing, hard and gray. A cement structure surrounding what is left of the duck coop, it is not a solid or homogenous construction, but it does a good job of representing solidness. And the platform becomes a terrace and finds, from a derived function as the solid surface in front of the house, back to its more encompassing meaning as a level surface on a hillside.

The terrace is somewhat bigger than the roof, and so one can choose where to place one's chair, protected under the roof or in front of it in the sun.

Beneath the roof there are 1.5 meters to the glass wall and its oak frames. Sliding one over the other extends the room up to the protruding edge of the roof. Going through the opening, one enters the passageway along the glass wall, which is also the large room, and still remains in the same space under the roof: the great ambiguity, but at the same time it is all quite simple.

waren, wurden weggenommen. Was blieb, war ein langgestrecktes, gemauertes U auf einer mächtigen Plattform und am Ende eine kleine Kammer ohne Dach.

Diese Plattform ist ein sehr unmittelbares Ding, hart und grau. Um die Reste des Entenstalles herum betoniert, ist sie nicht massiv und homogen, aber sie stellt das Massivsein sehr gut dar. Indem sie zur Terrasse wird, findet sie von einer abgeleiteten Bedeutung, der befestigten Fläche vor dem Haus, wieder zu einem umfassenderen Sinn zurück, der Ebene im Hang.

Die Terrasse ist ein bisschen größer als das Dach darüber, so kann man wählen, wo der Stuhl stehen soll, geschützt unter dem Dach oder davor im Sonnenschein.

Unter dem Dach sind es noch anderthalb Meter, dann steht da die Glaswand mit ihren Eichenholzrahmen. Schiebt man zwei von ihnen gegeneinander auf, dann reicht ein Zimmer ganz nach vorn unters Dach. Geht man hindurch, betritt man den Gang entlang der Glaswand und zugleich das große Zimmer und bleibt im selben Raum unter dem Dach – große Mehrdeutigkeit, dabei ist alles ganz einfach.

Two strong wooden posts were erected in the U, the middle hold point of a powerful roof beam that rests on the old walls at either end. Four narrower and taller pillars stand on the terrace and support the outer roof beam.

The large, thick beam bearer runs the length of the building and divides the space in the same way as the glass wall, and yet everything still remains housed under one roof. At the end of the beam is the wall left over from the duck coop, a mere partition, and on it, a second wall of glass: The negative of the beam bearer, a body of pure light, a strip of world.

If the image of the world is to serve as the wall, the roof and floor become the house. If the roof and floor define the space, the walls remain objects. Two little rooms, placed symmetrically in the space, contain the secondary rooms and a fireplace. The walls extend up to the roof but are clearly not bearing structures. Hinged doors make it possible to close off the rooms. They partition off the space and open it up again, and thus one is able to place the lake next to the shower. But these are trivialities. What matters here is the cement floor, the roof with its beams, and the picture conveyed by the hard glass: the lake.

In das U wurden zwei kräftige, hölzerne Stützen gestellt, mittlere Haltepunkte einer mächtigen Pfette, die an den Enden auf der alten Mauer aufliegt. Vier Stützen, schlanker und höher, stehen auf der Terrasse davor und tragen die äußere Pfette.

In voller Höhe sichtbar prägt der dicke Balken den Innenraum, der äußere Balken tritt in die Deckenebene zurück. Das neue Dach balanciert auf der inneren Pfette über dem Bestand. Dieser große, dicke Unterzug läuft einmal längs durchs Haus und teilt den Raum, wie auch die Glaswand, und doch bleibt alles unter einem Dach. Am Ende steht die Mauer des Entenstalls, nur noch ein Schirm, und auf ihr eine zweite schmale Wand aus Glas, das Negativ des Unterzugs, ein Körper ganz aus Licht, ein Streifen Welt.

Wenn das Bild der Welt die Wand werden soll, sind Dach und Boden das Haus. Wenn Dach und Boden den Raum bestimmen, bleiben die Wände Objekte. Zwei Kammern, symmetrisch in den Raum gestellt, enthalten die Nebenräume und einen Kamin. Sie reichen bis unter das Dach, tragen es aber offensichtlich nicht. Um Zimmer abteilen zu können, gibt es Klapptüren. Sie schließen den Raum und öffnen ihn wieder, und so stellt man sich auch den See neben die Dusche. Aber das sind Nebensächlichkeiten. Hier zählt der Boden aus Beton, das Dach mit seinem Balken und auf dem harten Glas das Bild: der See. **Tobias Zepter**

Every Evening

Every evening nature's great quieting
the sky clears for one last ray
the oak a Japanese Caspar David

unearthly silence the lake at rest
a scent of elderberry from over there silence quietness
and yet everywhere around you

arousal
animates the simplest things
even you who has grown so cool

Joachim Sartorius

Jeden Abend

Jeden Abend die große Beruhigung der Natur
der Himmel klart auf ein letztes Strahlen
die Eiche ein japanischer Caspar David

überirdische Stille der See ruht
Holunderduft von drüben Stille Ruhe
und doch überall um dich herum

ist Erregung
beseelt die einfachsten Dinge
dich Abgekühlten auch

Joachim Sartorius

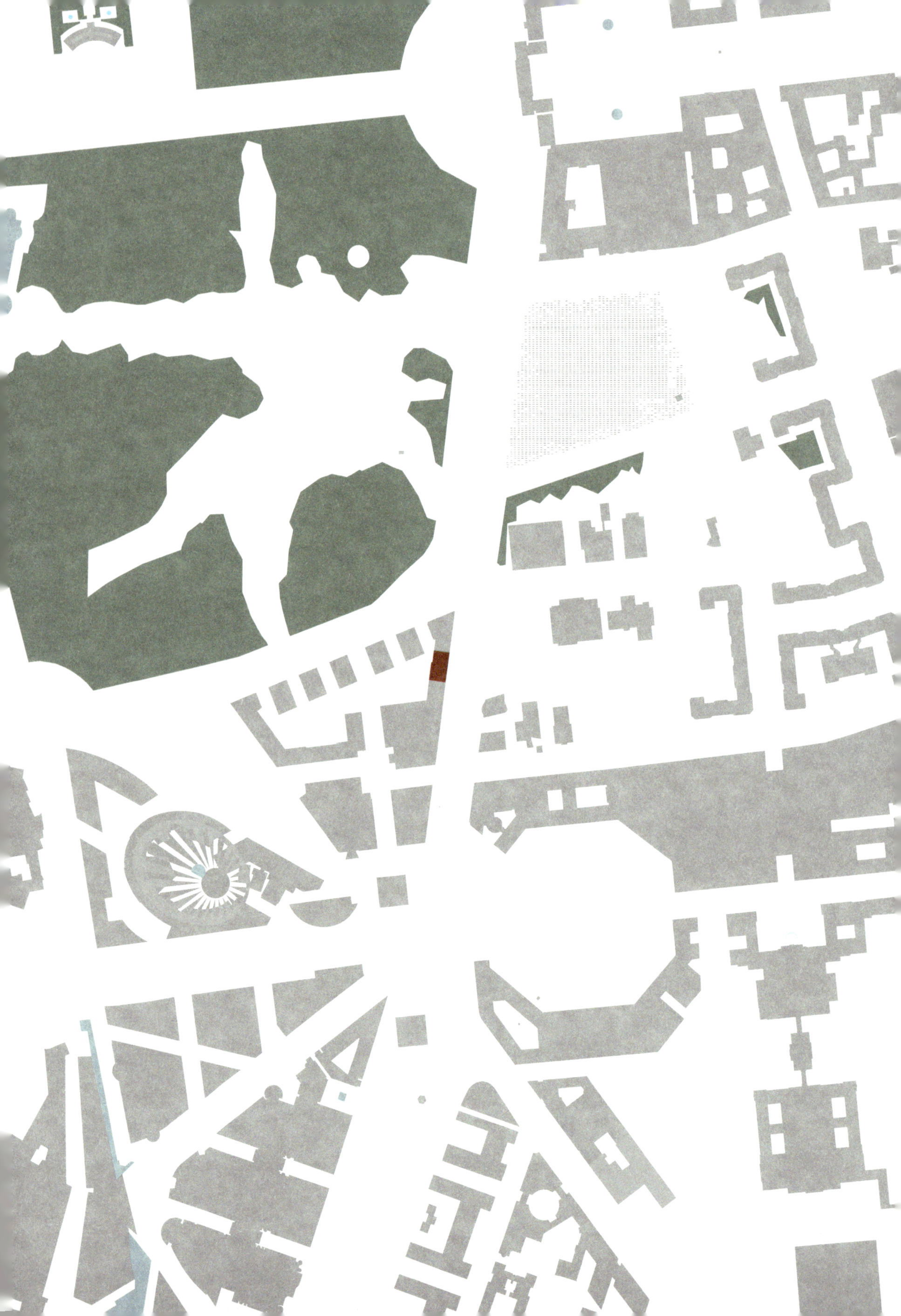

Bürohaus Ebertstraße / Office Building Ebertstraße

Das Bürohaus an der Ebertstraße hat den Anspruch prägnant zu sein, präzise und ganz gewöhnlich: tragende Außenwände, Fenster, gestapelte Etagen, flexibel nutzbar. Es gehört zum Beisheim Center auf dem Lennédreieck, der nördlichen Randbebauung des Potsdamer Platzes: Ein Stück Stadt, ein Baustein der Straße, einige Fragen der Architektur, immer neu zu beantworten.

The office building on Ebertstraße is concise, precise, and altogether normal: load-bearing exterior walls, windows, stacked floors, designed for flexible use. It belongs to the Beisheim Center on the Lennédreieck, at the northern edge of Potsdamer Platz: A piece of city, an element of the street, a few architectural questions forever to be answered anew.

Ebertstraße 2, Beisheim Center, Berlin
2001–2003
3.240 qm Nutzfläche / sqm usable floor area

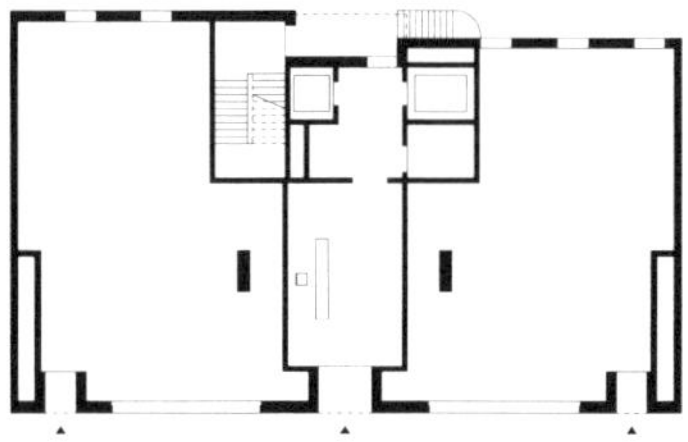

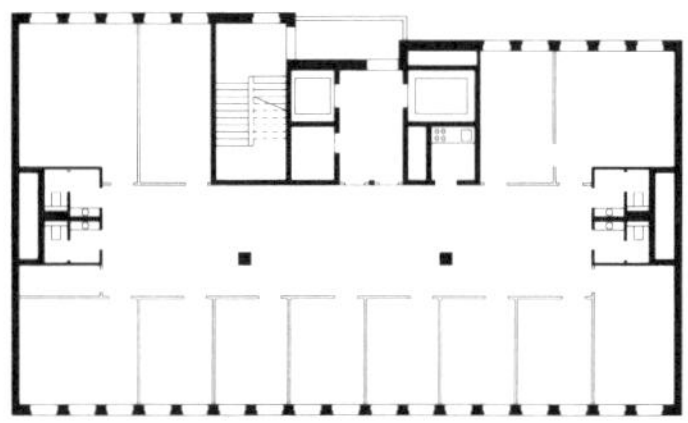

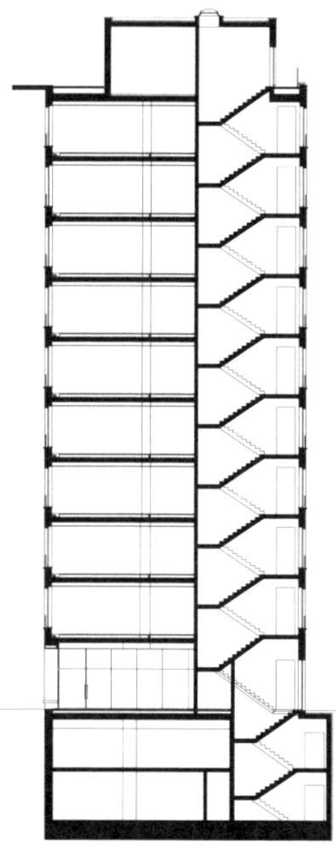

BC
BC

Das Haus ist Teil der geschlossenen Bebauung bis zum Tiergarten, nur vier Häuser auf einer Länge von etwas mehr als 200 m. Das Bürohaus ist genau 26,60 m breit und 36,50 m hoch – ein Hochhaus. Die anderen drei Häuser sind viel länger, aber genauso hoch. Unsere schmale Parzelle ist schön, uns reicht ein Treppenhaus, wir setzen 17 Fenster je Etage, und wenn alle Parzellen im Block die gleichen Proportionen hätten, würde die Straße gleich wie eine lebendige Straße aussehen.

Das Bürohaus soll für die üblichen Nutzerwünsche tauglich sein, einteilbar als Zellenbüros, Kombibüro und natürlich auch als Großraum, so kleinteilig aufteilbar und zu vermieten wie nur irgend vorstellbar. Ein Haus ohne Eigenschaften, passend für einen einzelnen oder bis zu achtzehn Mieter*innen. Im Erdgeschoss eine kleine Lobby, daneben zwei Läden, darüber gestapelt die Büroflächen, neun Geschosse, alle gleich. Treppen und Aufzüge sind effizient angeordnet. Ein kleiner Versprung auf der Rückseite vermittelt zwischen den unterschiedlich tiefen Nachbargebäuden und bindet den Fluchtbalkon des Sicherheitstreppenhauses ein. Es ist eng auf diesem Grundstück und so ergeben sich, beinahe unfreiwillig, doch spezifische Räumlichkeiten: zwei Zimmer zum Hof, eine Fläche zur Straße, die zwei Stützen markieren einen Gang.

The building a solid block of adjoining buildings extending up to the Tiergarten, four buildings along a stretch just over 200 metres. The office building is 26.6 metres wide and 36.5 metres high—and therefore a high-rise. The other three houses are much wider, but just as high. However, our narrow lot is nice, we are happy with one stairway, we have placed seventeen windows per storey, and if all the lots on the block had the same proportions, the street would then, at least, look like a lively one.

Eingang in Mailand / Entryway in Milan

The office building had to meet the needs of the standard user, as partitioned, combined, and, naturally, as large open office spaces as well, able to be rent as small sections as one could possibly imagine. A building without individual characteristics, suitable for a single tenant or up to as many as eighteen. On the ground floor there is a small lobby, with two adjacent stores, the office spaces are stacked above it, nine storeys, all the same. The stairs and elevators are efficiently placed. A slight recession the rear façade negotiates the difference in depth between the two neighbouring buildings and adjoins the escape balcony to the house. There is little space on this lot, and thus—almost inadvertently—specific spatial configurations result: two rooms facing the courtyard, one large space facing the street, the two pillars delineate a hallway.

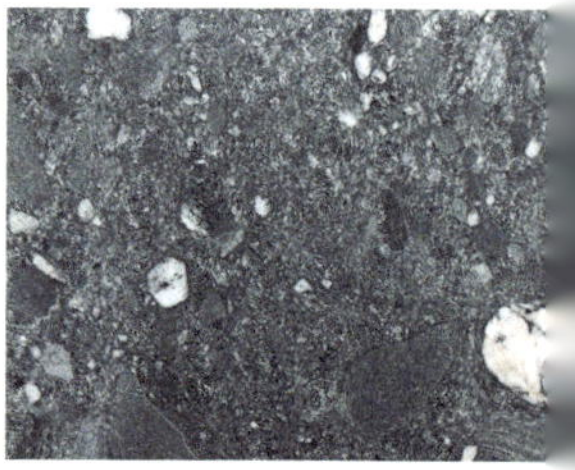

Verde Salvan

Nollendorfstraße 28, Sitz des Büros bis 2003 / Address of the office until 2003

Prototyp des Geländers / Prototype of the railing

Das Haus ist Teil der Wand an der Straße, Autos fahren vorbei, man läuft die großen Fenster entlang, ein Laden, ein Café, in der Mitte der Haupteingang. Der Blick fährt an der Fassade nach oben und fängt sich am Dachabschluss, einer zwei Meter auskragenden Gesimsplatte. Hier endet die Stadt und der Himmel beginnt.

Die Fassade ist eine Wand, aber die Wand wird durchbrochen von Fenstern. Das Leben der Straße begegnet dem Leben des Hauses so, wie sich Blicke kreuzen würden. Die Fenster sind Löcher in der Wand und mehr, eben Fenster. Das Haus öffnet sich, doch die Geheimnisse der Bewohner*innen bleiben gewahrt.

Vor den Fenstern, verflochten mit den Natursteintafeln der Wandverkleidung, sind Geländer aus Gussaluminium angebracht. Efeublätter im Scherenschnitt, durch den Computer gewandert und doch nur ein Versuch, ein abgebrochenes Gespräch wieder aufzunehmen. Und es funktioniert noch immer. Öffnung und Wand bilden ein Gewebe, werden konkret, aus Löchern werden Fenster.

Den Eingang verhüllt und zeichnet das Aluminiumgewächs ganz und gar. Polierte Steinplatten, groß und schwer wie das ganze Haus, glatt und zart gezeichnet zugleich. Vorne ein Vorhang aus Aluminium, dahinter die Lobby, eine Höhle aus Marmor und Licht. Ein kurzer Moment der Prätention vielleicht, ein sehr schöner Stein vor dem Beton, und dann wieder ein Bürohaus, prägnant, präzise – gewöhnlich. **Tobias Zepter**

The building is part of the wall to the street, cars pass, one walks along the large windows, a shop, a café, in the middle the main entrance. One's glance travels upwards along the façade before getting caught at the end of the roof, a two-metre cantilevered cornice. Here the city ends and the sky begins.

The facade is a wall, but one pierced by windows. The life of the street meets the life of the building, like the intersection of two glances. The windows are holes in the wall and more: indeed, windows. The building opens itself up and yet the inhabitants do not reveal their secrets.

In front of the windows, interwoven with the natural stone panels of the wall cladding, are railings made of cast aluminium. Ivy leaves like silhouettes wandering through the computer and yet only an attempt to resume an interrupted conversation. And it continues to work. Opening and wall form a fabric, become concrete; holes become windows.

The entrance is completely concealed and marked by the aluminium growth. Great polished stone slabs, heavy and large like the building itself, smooth and soft like the visitor's hand. In front, a curtain of aluminium, behind it the lobby, a hollow of marble and light. A brief moment of pretension perhaps, a beautiful stone before the concrete, and then once again an office building: concise, precise—normal.

Haus am Grimnitzsee / House at Grimnitzsee

Die Dorfstraße führt in leichtem Bogen am Ufer entlang den Hügel hinauf. Auf beiden Seiten stehen Wohnhäuser, Scheunen und Nebengebäude.

The village street curves gently along the shore and up the hill. On both sides are homes, barns, and outbuildings.

Althüttendorf, Brandenburg
2003–2004
88 qm Wohnfläche / sqm living area

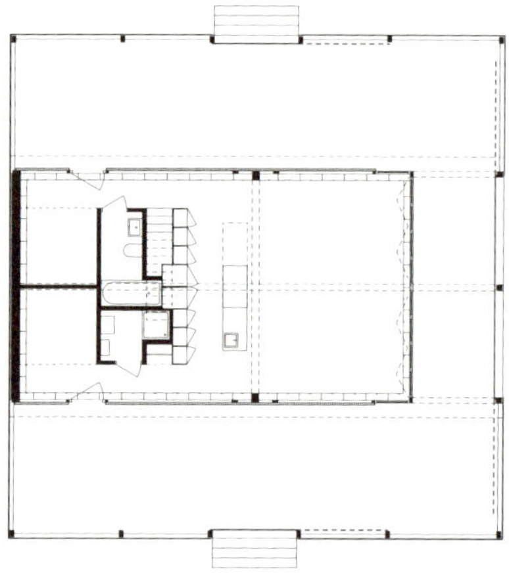

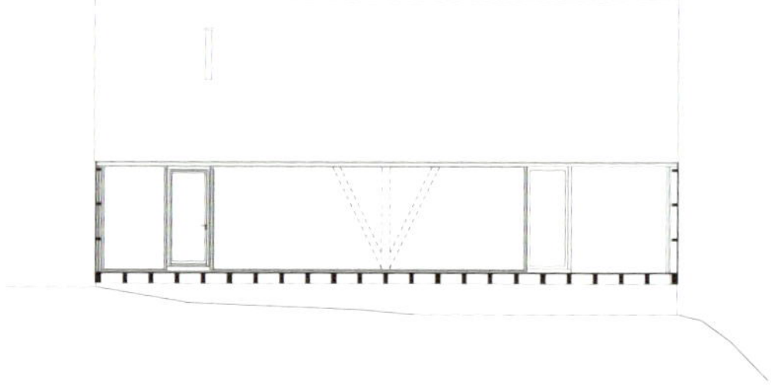

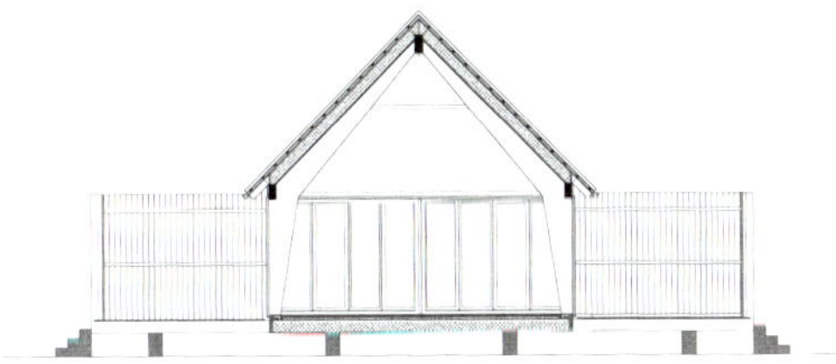

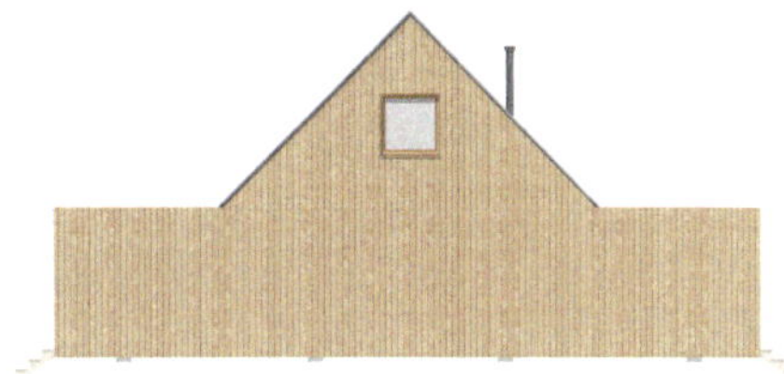

The houses stand parallel to the street, the barns perpendicular, as is the case in Brandenburg. Their tones come in all shades of brown and gray, red brick, brown plaster, and warped boards, silvery gray and black barn doors, shutters, wooden walls, and fences. Between the houses are views to the broad lake and the distant shoreline.

New life has found its way into other buildings: here thick-framed plastic windows, there a range of glass front doors, multi-angular additions, shiny bricks, sometimes a new, high-insulating skin in pale pink or light yellow, things that improve the level of comfort, add identifying characteristics, and bring the old house into the flow of modern goods.

Ufer am Grimnitzsee / Lakeside at Grimnitzsee

Right in the middle is a house that does not fit into either of these categories. A wooden wall that peaks in a gable at the center, with a small window. The boards turned gray, like the corrugated Eternit roof, like the old barn doors. These are simple materials and simple forms that have an affinity to many elements of the village's "forgotten" houses, but the house is still a foreign body in the village. More alien than the aforementioned trappings of new life. A house from another world that, nevertheless, does not want to impose.

Wiesenweg mit alter Scheune / Wiesenweg with old barn

Schuppen am Wiesenweg / Shed along Wiesenweg

Die Wohnhäuser stehen längs der Straße, die Scheunen giebelständig, wie oft in Brandenburg. Braun und grau, rote Ziegel, Putz und verzogene Bretter, silbrig graue und schwarze Scheunentore, Bretterwände und Zäune.

Es sind einfache Quader, dreieckige Giebel, kaum gegliederte Flächen. Zwischen den Häusern alte Mauern, neue Zäune und Durchblicke auf den weiten See und das ferne Ufer.

In andere Häuser hat das neue Leben Einzug gehalten: grobe Plastikfenster hier, artenreich verglaste Haustüren dort, vieleckige Anbauten, glänzende Ziegel, manchmal eine neue, hoch dämmende Haut in Rosa oder Hellgelb, Dinge, die den Komfort verbessern und die Identifikationsmöglichkeiten und das alte Haus in den modernen Warenkreislauf heben.

Mittendrin steht ein Haus, das in keine der beiden Kategorien passt. Eine Bretterwand, aus der sich in der Mitte ein Giebel erhebt, mit einem kleinen Fenster. Die Bretter wurden grau, wie das Dach aus unbehandeltem Welleternit, wie die alten Scheunentore. Es sind einfache Materialien und einfache Formen, die in Vielem den „vergessenen“ Häusern des Dorfes nahestehen, und trotzdem ist das Haus dem Dorf fremd. Fremder als das aufgesetzte neue Leben. Ein Haus aus einer anderen Welt, aber es möchte nicht unhöflich sein.

The four cement walls of the foundation belong to the village, the ceiling beams together with the larch-wood floorboards form a platform over the site. On the platform stands a frame of glued laminated timber supported by struts. A weight-bearing gesture, necessity, and a picture. The roof beams rest on the frame and four uprights, which define the space of the interior while still appearing delicate, almost like lines drawn in front of the surfaces of the ceiling and wall. Only from outside, on the gable end facing the lake, where the long rafters become visible, do the roof beams really appear to do their work, and the thin pillar meeting the end of the ridge beam ultimately underscores the weight of the hall.

The floor plan of the house takes the form of a square. Enclosed by smooth wooden walls, it hovers just above the ground, almost an abstract object, only the gable end with the window shouts "house!"

Following the wall around the corner, one does encounter some breaks in the surface, a sliding door, and wooden steps. Three steps up to the larch-wood floor, a peaceful and closed-off realm, bordered on three sides by the wooden wall and on the fourth by the white translucent polycarbonate enclosure of the interior, above it a corrugated cement roof.

Modell, Uni Hannover,
© Studentin S. Sameri

Fußpunkt mit Aussteifung und Kabelkanal / Base of frame with reinforcement and cable duct

Vier Fundamentstreifen aus Beton gehören dem Dorf, die Deckenbalken mit dem Fußboden aus Lärchendielen bilden eine Plattform über dem Ort. Auf ihr steht ein Rahmen aus Leimholz, gehalten von Streben. Eine Geste vom Tragen, Notwendigkeit, und ein Bild. Auf dem Rahmen und vier Stielen liegen die Pfetten, die den Innenraum bestimmen und trotzdem vor den Flächen von Decke und Wand zart, fast wie gezeichnet scheinen. Erst draußen, vor der Giebelwand am See, wo die langen Sparren sichtbar werden, beginnen die Pfetten zu arbeiten, und der dünne Stiel am Ende der Firstpfette unterstreicht zuletzt das Gewicht.

Der Grundriss des Hauses ist ein Quadrat. Umschlossen von der glatten Bretterwand schwebt es knapp über dem Boden, fast ein abstraktes Objekt, nur der Giebel mit dem Fenster ruft: „Haus!".

Folgt man der Wand um die Ecke, sind Brüche zu erkennen, ein Schiebetor und hölzerne Stufen. Drei Schritte führen auf den Boden auf der anderen Seite der Wand. Eine Welt, ruhig und geschlossen, an drei Seiten begrenzt von der Dielenwand, an der vierten von der weiß durchscheinenden Polykarbonathülle des Innenraumes, darüber das Dach.

The path across the small courtyard leads under the roof. The space is a loggia. On one side a double door offers a view of the lake and frames a picture of uninhabited expanse. On the other side a glass wall separates the interior from the exterior. After the open space under the roof follows a second courtyard, which is exactly the same as the first one and so one comes full circle. Thus, the house becomes a world created for a view of this lake.

But the glass wall can be folded away, and then the interior shifts even closer to this tableau. Above the glass wall is a gable wall made of plastic boards, which remains as the divider between inside and out, and inside the floors are cement and the rafters are coated with paper. Here one feels as if at the innermost core, the courtyards with their walls of wood and plastic serve as an extra thick wall.

The wooden beam stands in this utmost interior and divides the open hall into a kitchen and a living room. The kitchen is bordered by a kitchen cabinet. Two rooms are concealed within the cabinet, a bathroom, a small room, and a stairway that leads to the space above the cabinet. This is where we once again encounter the small window, and the view of the village road is the counterpart to the widescreen image of the lake.

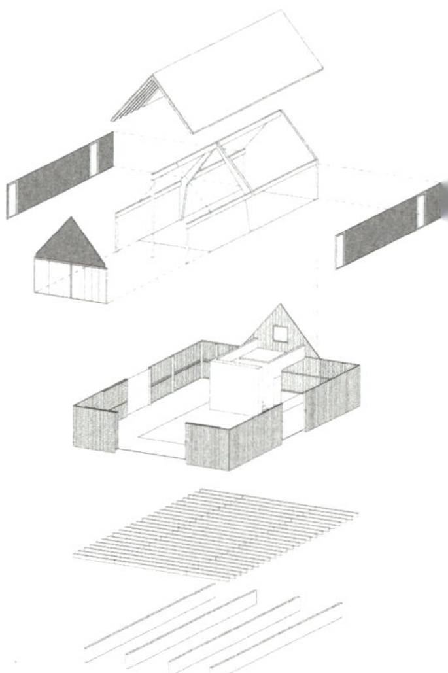

Der Weg über den kleinen Hof führt unter das Dach. Der Raum ist eine Loggia. Auf der einen Seite öffnet ein Tor mit zwei Flügeln den Blick auf den See und rahmt ein Bild von menschenleerer Weite. Auf der anderen Seite trennt eine Glaswand Innen und Außen. Auf die Loggia folgt dann ein zweiter Hof, der gleicht dem ersten ganz und schließt den Kreis. So wird das Haus zu einer Welt, erschaffen für den Blick auf diesen See.

Die Glaswand aber lässt sich wegfalten, dann schiebt sich der Innenraum noch näher an das Bild heran. Es gibt eine Giebelwand aus Plastikplatten über der Glaswand, die bleibt als Grenze, und innen sind der Boden mit Beton und die Sparren mit Papier verkleidet. Da ist man nicht nur angekommen, sondern man fühlt sich auch wie im Kerngehäuse, und die Höfe mit den Wänden aus Plastik und Holz werden zu einer ganz besonders dicken Wand.

Im Innersten steht der Binder aus Holz und teilt die Halle in Küche und Wohnraum. Das ist das Herz des Hauses. Die Küche begrenzt ein Küchenschrank. Im Schrank versteckt sind zwei Zimmer, Bad, Kammer und eine Treppe, die auf den Schrank führt. Und hier trifft man Rapunzels Fenster wieder, und der Blick auf die Dorfstraße ist das Gegenstück zum Cinemascope der Seeseite. **Tobias Zepter**

Wohnhaus Choriner Straße / Apartment Building Choriner Straße

Von der Torstraße führt die Choriner Straße den Hang des Berliner Urstromtales hinauf. Der Hang, in Berlin eine Besonderheit, beschert dem Wohnhaus, von dem wir hier sprechen, einen Sockel mit immerhin fast zwei Metern Gefälle und der Straße einen kleinen malerischen Effekt.

Beginning at Torstraße, Choriner Straße leads up the hill of Berlin's glacial valley. The hill, an anomaly in Berlin, gives the building described here a base with an incline of almost two meters and lends the street a touch of painterly charm.

Choriner Straße 79, Berlin-Mitte
2005–2009
2.692 qm Wohnfläche / sqm living area
55 qm Gewerbe / sqm commercial space
23 Wohnungen / flats

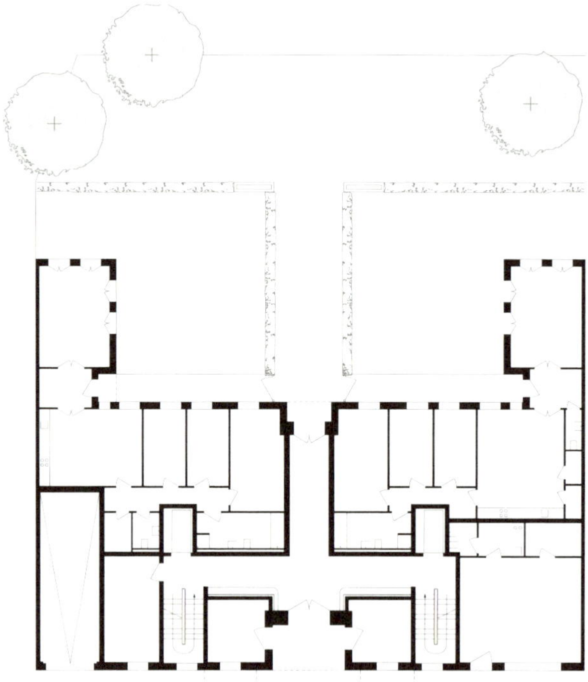

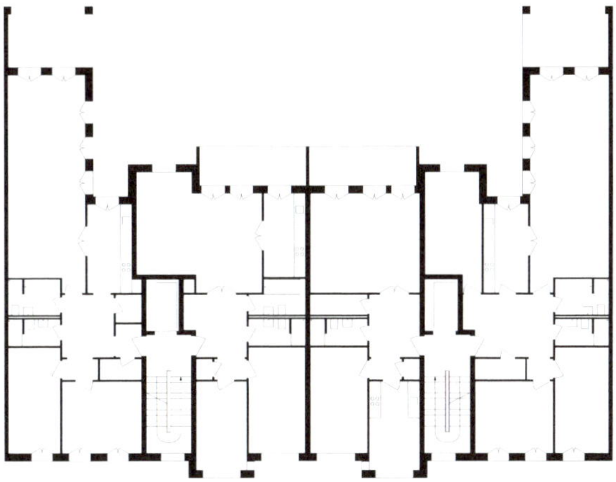

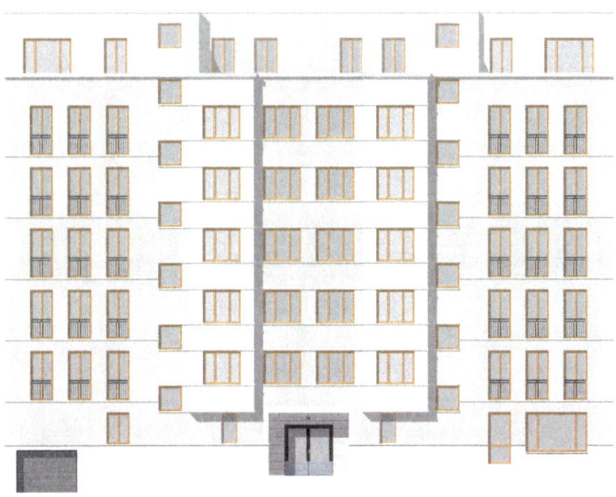

Choriner Straße is 22 meters wide, and it was built soon after 1870. There are no bay windows or balconies on the Neo-renaissance façades and the voluminous strictness of the Wilhelminian period still carries a trace of Prussian classicism.

Our plot number 79 had never been built upon and with its 32-metre width is rather special. There was a real danger that a new building of such proportions would take on inappropriate importance. With its sand-coloured plaster façade this building is therefore of a graceful reserve, the two oriels that divide its long front the only details to attract any attention. Sharp-edged cornice strips of natural stone create an elegant connection between the vertical windows on the outside, over the small staircase windows to the central horizontal window formats.

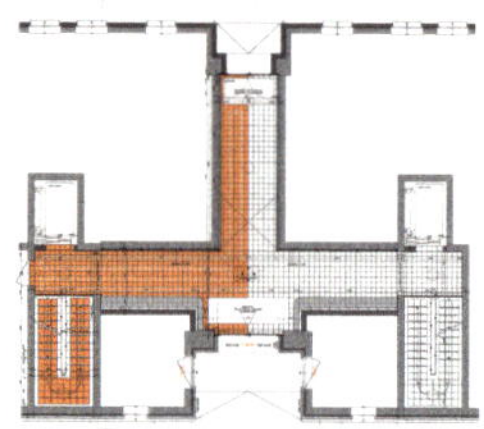

Detail Foyer

The house has two sets of stairways, but only one entrance, one address. Stairwell windows are otherwise absent on Choriner Straße, as they belong towards the back in the Wilhelminian style.

One can call them wings, the lateral façades, as self-contained as they appear. Almost grid-like, French windows, with cornices underlined on each floor, give another compositional theme, but with interwoven components. And the stairwell, a possible breaking point, becomes a joint in the composition. The ease with

Novello, Cabiati, Ferrazza, Minali – Via F. Melzi d'Eril, Mailand / Milan, 1930

Die Choriner Straße ist 22 m breit und bald nach 1870 bebaut worden. Die Neorenaissancefassaden der Altbauten haben keine Erker oder Balkone und die voluminöse Härte der Gründerzeit trägt noch eine Spur preußischen Klassizismus.

Unsere Parzelle mit der Nummer 79 war nie bebaut und bildet mit ihrer Breite von 32 m eine Besonderheit. Die Gefahr war groß, dass ein Neubau dieser Breite ein unangemessenes Gewicht in der homogenen Umgebung bekommen hätte. Das Wohnhaus übt sich daher mit seiner sandfarbenen Putzfassade in vornehmer Zurückhaltung. Nur die beiden Erker, die die lange Front gliedern, fallen auf. Scharfkantige Gesimsbänder aus Naturstein schaffen eine elegante Verbindung zwischen den hochformatigen Fenstern außen, über die kleinen Treppenhausfenster hin zu den mittigen, liegenden Fensterformaten.

Das Haus hat zwei Treppenhäuser, da es doppelt so breit ist wie die anderen Häuser der Straße, aber nur einen Eingang, eine Adresse.

Treppenhausfenster gibt es an der Choriner Straße sonst nicht, die gehören in der Gründerzeit ja in den Hof. Die Seitenfassaden muss man beinahe Flügel nennen, so eigenständig erscheinen sie; fast gerastert, 15 französische Fenster, mittig geteilt, geschossweise von Gesimsen unterstrichen, bilden ein neues Thema, das an die Nachbarhäuser anschließt, doch sind die Teile

which necessary elements have been addressed creates a sense of the everyday, and nothing is as valuable as a day well done.

The residential building was intended to provide apartments that have become the standard in Germany since World War I: large living rooms, small separate kitchens, and bedrooms, slightly more generous—the apartments are intended to appeal to the renters.

The floorplan is a surprising composite of two seemingly disparate conditions in Berlin apartment buildings and it unites many aspects of both approaches. Also, the floorplan leads towards the modern notions of the twentieth century, the rooms were given clear purposes. Filled with glistening light, the kitchens and living rooms are oriented towards the loggia and courtyard, Bedrooms and stairways brave the street.

And, on the other hand again, the apartments are deep. At their core exists an element of the dusky light that holds the entrance hall and the so-called Berliner Zimmer under a spell on winter afternoons. Depth becomes breadth, which opens up views through the space. And light emerges from the dark, when this contrast enables the colors to shine.

fest verwoben. Und das Treppenhaus, die mögliche Bruchstelle, wird zum Gelenk der Komposition. Der gelassene Umgang mit dem Notwendigen erzeugt Alltäglichkeit. Wenig ist kostbarer als ein gelungener Alltag.

Das Wohnhaus bietet Wohnungen der Art an, wie sie sich in Deutschland seit dem Ersten Weltkrieg als Standard etabliert haben: mit großen Wohnzimmern, kleinen separaten Küchen und ein, zwei oder drei Schlafzimmern, alles etwas großzügiger allerdings – die Wohnungen sollen den Mieter*innen gefallen.

Der Grundriss bildet eine überraschende Legierung zweier unvereinbar scheinender Zustände des Berliner Mietshauses: er führt dennoch in die Moderne des 20. Jahrhunderts, die Räume sind eindeutigen Nutzungen zugeordnet. Küchen und Wohnzimmer orientieren sich lichtdurchglänzt auf Loggia und Hof, Schlafzimmer und Treppenhäuser trotzen der Straße.

Andererseits wieder sind die Wohnungen tief. In ihrem Kern lebt etwas von dem Dämmer, der Diele und Berliner Zimmer an einem Winternachmittag verzaubert hält. Und die Tiefe wird Weite, wo sich Durchblicke öffnen. Aus dem Dunkel wird Licht, wenn der Kontrast die Farben leuchten lässt. **Tobias Zepter**

Wohn- und Geschäftshaus Chausseestraße / Apartment and Office Building Chausseestraße

Die Chausseestraße ist eine viel befahrene Verkehrsachse vom Oranienburger Tor in Berlin-Mitte Richtung Norden raus aus der Stadt. Bis ca. 1880 hatte die Schwerindustrie hier ihren Platz, bevor sie weiter aus der Stadt zog.

Chausseestraße is a heavily trafficked artery that leads from the Oranienburg Gate in Berlin-Mitte towards Wedding. Until around 1880, this area was home to Berlin's heavy industries before they moved to the suburbs.

Chausseestraße 18, Berlin-Mitte
2010–2012
370 qm Gewerbe / sqm living area
2.485 qm Wohnfläche / sqm living area
23 Wohnungen / flats

2.

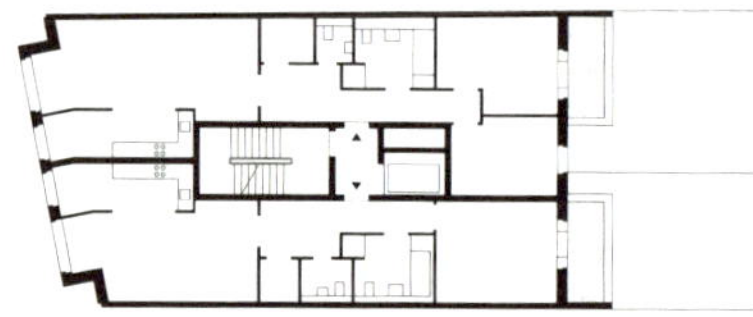

1.

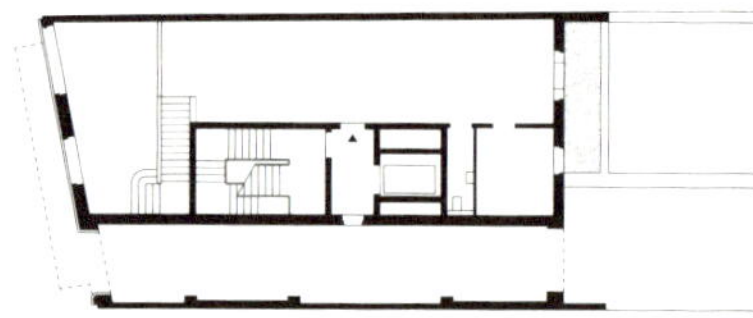

EG / GF

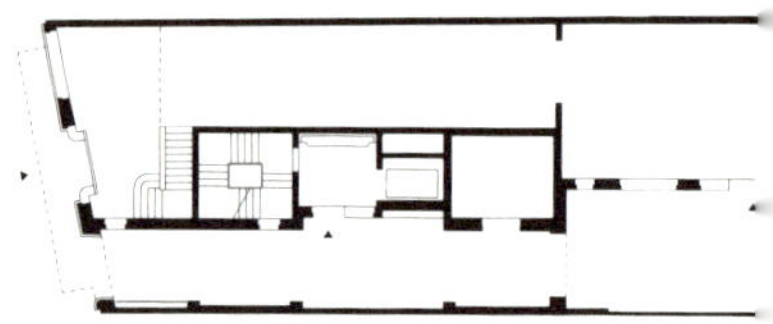

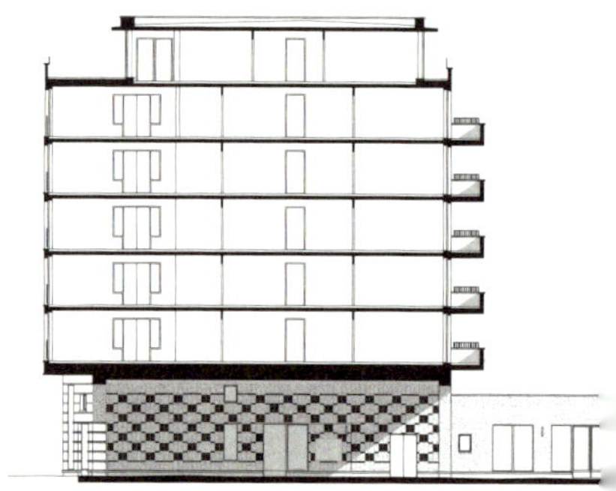

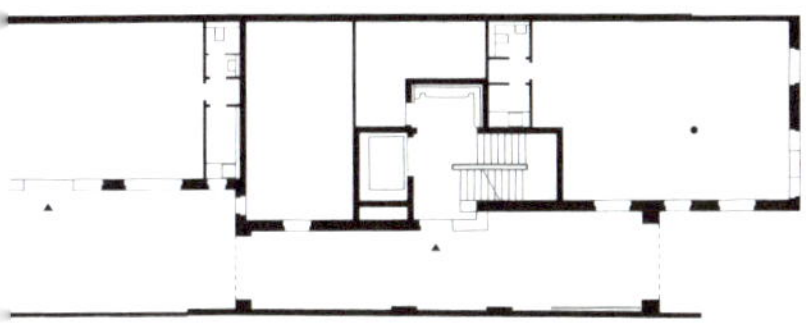

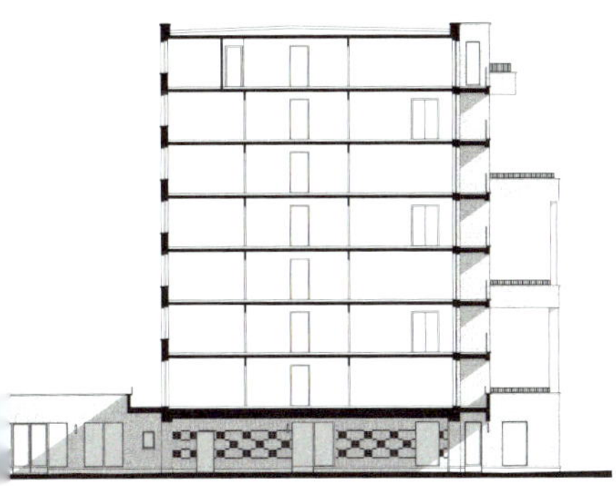

Es blieben sehr große Blöcke, die in der für Berlin typischen Mischung aus Wohnhäusern an der Straße und Gewerbehöfen im Blockinnern bebaut wurden.

Heute zeigt die Chausseestraße ein disparates Bild: gründerzeitliche Mietshäuser wechseln mit Geschäftshäusern, Bauten aus DDR-Zeiten und manch geltungssüchtigem Nachwende-Neubau.

Das Grundstück Nr. 18 ist nur zwölf Meter breit und reicht über sechzig Meter ins Blockinnere, umschlossen von hohen Brandwänden. Innerhalb dieses extremen Zuschnitts greift der Neubau den Typus des Berliner Mietshauses mit Vorder- und Gartenhaus und einem eingeschossigen Seitenflügel auf.

Im Sockelgeschoss befinden sich Gewerberäume, darüber bis zur 22 Meter hohen Traufe zweispännig angeordnete Wohnungen und ein Staffelgeschoss. Ein Erker nimmt fast die gesamte Fassadenbreite an der Straße ein und reicht bis zur Brüstung des Staffelgeschosses, als ob das Haus, das im Block so wenig Platz hat, sich seinen Raum sucht. Große Fenster lassen ein Optimum an Licht in die tiefen Räume.

Als Teil der „Edisonhöfe", die so heißen, weil Emil Rathenau sich hier 1883 mit der Deutschen Edison-Gesellschaft, der späteren AEG, niederließ, erhält das neue Wohnhaus eine Fassade aus Ziegel, dem Material der Berliner Industrie- und Gewerbebauten im 19. Jahrhundert. Es sind aber keine Ziegel mehr, sonder feine

The large blocks remain, with Berlin's typical mixture of dwellings along the streets and courtyards for manufacturing and commercial activities inside. Today, Chausseestraße has a multi faceted, heterogeneous look: houses and offices from the Wilhelminian period alternate with buildings from the GDR and new post-unification edifices gasping to show off stand next to low cost speculative housing.

The parcel at number 18, enclosed by high firewalls, is just twelve metres wide but stretches for sixty metres into the block. Despite this extreme cut, the new construction takes its cue from Berlin's typology applying one house at the street and others parallel to it overlooking the court, connected by narrow side wings.

On the ground floor and the mezzanine are commercial and professional spaces, above, up to the 22-metre high eaves dwellings topped by a penthouse. A bay-window occupies almost the entire width of the façade and rises to meet the parapet of the mezzanine, as if the house, squeezed into the narrowness of the block, is claiming back its rightful space. Large windows let maximum daylight into the deep rooms.

As part of the „Edisonhöfe", which are called so because Emil Rathenau settled here in 1883 with the Deutsche Edison-Gesellschaft, later to become AEG, the new residential building

Alltagsarchitektur, Italien / Everyday architecture, Italy

Eingang in Wien / Entrance in Vienna

is given a façade of brick, the material of Berlin's industrial and commercial buildings in the 19th century. However, these are no longer bricks, but rather fine slices of them, which are today's means of architecture. For a residential building on the street, this material is a further exception in the already excessive heterogeneity of Chausseestraße's façades. However, the light yellow bricks are well adapted to the plaster and sandstone of the surrounding buildings.

The façade features the theme of wrapping and covering, with a cladding in tiles, laid in the "Pruessverband" manner, clinging to the building like a bespoke clothing.

The same materials turn the back of the garden building into a main facade in the interior of the block. Here loggias whose varying sizes are defined by clearance areas tie together two-stores maisonette. The fact that a calm facade impression has nonetheless been created is part of the challenge of building in the existing fabric.

The building on Chausseestraße part of the street, occupies a precise site and fills it. It is ordinary since is a part of everyday life with no intention to show off. At the same time it is precise and authentic and completes the context with its own story.

Prüssverband, Berlin-Wedding, Architekt unbekannt / Architect unknown

Scheiben davon, das sind die heutigen Mittel der Baukunst. Für ein Wohnhaus an der Straße bedeutet dieses Material eine Besonderheit unter den anderen Besonderheiten der Chausseestraße. Doch der hellgelbe Farbton der Ziegel fügt sich erstaunlich homogen in die Putz- und Sandsteinfronten der Nachbarschaft.

Dass die Ziegelfassade nur eine dünne Hülle der Betonkonstruktion bildet, wird thematisiert, indem die Riemchen in der Art eines Prüssverbandes verlegt wurden und sich wie ein fein gemustertes Gewand an den Baukörper schmiegen.

Dieselben Materialien lassen die Rückseite des Gartenhauses zu einer Hauptfassade im Blockinneren werden. Hier fassen Loggien, deren unterschiedliche Größe durch Abstandsflächen definiert ist, zweigeschossige Maisonettes zusammen. Dass dennoch ein gelassenes Fassadenbild entsteht, darin liegt die Herausforderung einer solchen Bauaufgabe im Bestand.

Das Haus in der Chausseestraße ist Teil der Straßenwand, es hat einen zugewiesenen Platz und füllt ihn aus. Es ist gewöhnlich, denn es soll ein Teil des Ganzen sein und sich nicht in den Vordergrund drängen. Zugleich ist es besonders, denn es ergänzt den Bestand und erzählt dennoch eine eigene Geschichte.

Wohnhaus Neue Roßstraße / Apartment Building Neue Roßstraße

Von der einst geschlossenen Bebauung mit Geschäfts- und Warenhäusern an der Neuen Roßstraße zeugt heute, nach Krieg, Wiederaufbau und Wiedervereinigung, nur noch ein imposantes, denkmalgeschütztes Geschäftshaus aus dem Jahre 1913, das die Ecke des Ortes besetzt.

Today, following the war, reconstruction, and reunification, only a single imposing, listed commercial corner building dating from 1913 bears witness to the once consolidated development of business and department stores on Neue Roßstraße.

Neue Roßstraße 16+17, Berlin-Mitte
2012–2014
3.004 qm Wohnfläche / sqm living area
35 Wohnungen / flats

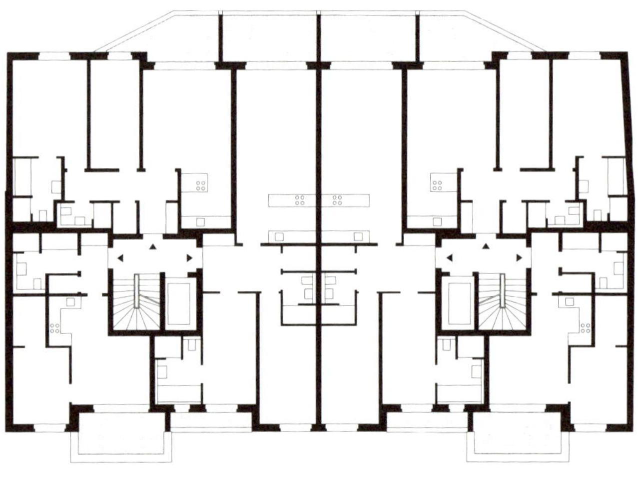

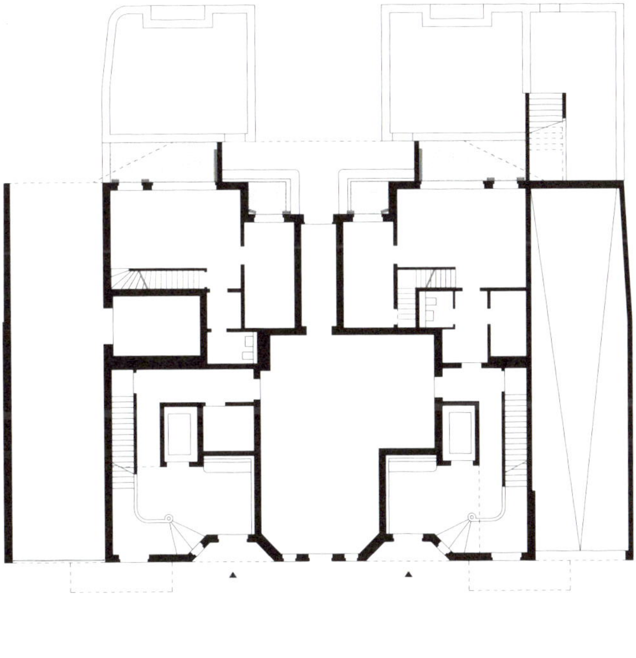

Since 2014, a new residential building with two house numbers has been standing between this magnificently articulated building and the even larger, clearly structured prefabricated building set back far from the street. This new building offers the residents of the 35 condominiums a new home—under a common roof. The roof holds together what might otherwise fall apart, separates terraces that do not belong together, and smooths out the multi-layered façade. Each of the many apartments has been assigned an outside space, some rooms even protrude to the outside, two oriel windows allowing them space. Above each is a balcony, from which you have a view along the street and over the school grounds to Köllnischer Park.

Different functions come together in the two-storey base: a passage for the fire department and an entrance to the underground car park (which is not only for the residents), there is a common storage room in the middle for bicycles, as well as one each for prams and rubbish bins, and last but not least the two entrées with their large and small adjoining windows. Here it is possible to look outside or to ventilate, as light penetrates the interior of the halls.

The halls are as high as the base, elegant, almost genteel, urban. A pattern of natural stone ennobles the address, a delicate

A. Gessner, Mommsenstr. 6, Berlin, 1904

Zwischen diesem prächtig gegliederten Bau und dem weit hinter die Straßenflucht zurückgeschobenen, noch größeren, klar strukturierten Plattenbau steht seit 2014 ein neues Wohngebäude mit zwei Hausnummern. Den Bewohner*innen der 35 Eigentumswohnungen bietet es ein neues Zuhause – unter einem gemeinsamen Dach. Das Dach hält zusammen, was auseinanderbrechen könnte, trennt nicht zusammengehörende Terrassen und beruhigt die vielgliedrige Fassade. Jeder der vielen Wohnungen ist ein Außenraum zugeordnet, manche Zimmer stülpen sich nach außen, zwei Erker geben ihnen Raum. Oben auf dem Erker ist je ein Balkon, hier hat man den Überblick die Straße entlang, über das Schulgelände hin zum Köllnischen Park.

Der Sockel ist zweigeschossig, unterschiedliche Nutzungen treffen hier aufeinander: eine Durchfahrt für die Feuerwehr und eine Tiefgarageneinfahrt, nicht nur für die Bewohner*innen, ein gemeinsamer Abstellraum in der Mitte für Fahrräder, ebenso je einer für Kinderwagen und Mülltonnen, und nicht zuletzt die zwei Entrées mit großen und kleinen Fenstern daneben. Hier kann man nach draußen gucken oder auch lüften, Licht dringt in das Innere der Hallen.

Die Hallen sind so hoch wie der Sockel, elegant, fast vornehm, städtisch. Ein Muster aus Naturstein adelt die Adresse, ein zartes

pattern on the walls quotes opulent paintings from the past. When it is dark, backlit glass creates a crystalline, protective cave. And the base also provides space for two interlocking maisonette garden apartments. The building is 18.75 m deep, which is unusual for the rest of this Berliner block.

Up above this come four full floors and two staggered ones, all with highly insulated façades and French windows that allow light into the deep apartments while providing a view of the greenery opposite.

Towards the quiet courtyard, where the sun shines from midday on, the house changes its appearance. Here it is clear and direct, almost seems powerful. Large balconies which have been grouped together stretch across the middle, the wall recedes into the background, the house opens up and becomes modern.

The building's outer skin is fine, variously structured plaster, and this gives support to the shadow play in the observer's eye. The base is accentuated by two differently coloured types of sandstone, which have been laid into frames in a diamond shape—a bit of robustness for the city. Today, however, such robustness is wafer-thin, only a few millimetres. And in similar fashion the front doors—painted with imitation wood—are both a little puzzling and a recourse to the familiar.

Türen mit Holzimitat-malerei, Italien / Doors with imitated wood painting, Italy

Muster auf den Wänden zitiert aufwändige Malereien vergangener Zeiten. Hinterleuchtetes Glas schafft, wenn es draußen dunkel ist, eine kristallene, schützende Höhle. Und auch noch zwei durchgesteckte Maisonette-Gartenwohnungen finden im Sockel Platz. Das Haus ist 18,75 m tief, sonst unüblich für den Berliner Blockrand.

Darüber folgen vier Voll- und zwei Staffelgeschosse mit hoch gedämmter Fassade und französischen Fenstern, die Licht in die tiefen Wohnungen lassen und den Blick auf das gegenüberliegende Grün freigeben.

Zum ruhigen Hof hin, in dem ab mittags die Sonne scheint, verändert das Haus seine Erscheinung. Hier ist es klar und direkt, fast wirkt es mächtig. Große zusammengefasste Balkone spannen sich über die Mitte, die Wand tritt in den Hintergrund, das Haus öffnet sich und wird modern.

Die äußere Haut des Gebäudes ist feiner, unterschiedlich strukturierter Putz. Das gibt dem Schattenspiel im Auge des Betrachters Halt. Den Sockel akzentuieren zwei verschiedenfarbige Sandsteine, rautenförmig in Rahmen gelegt – etwas Robustheit für die Stadt. Diese Robustheit ist heute hauchdünn, nur wenige Millimeter. Und so sind auch die Haustüren – bemalt mit Holzimitat – eine kleine Irritation und wieder ein Rückgriff auf Bekanntes.

Realistic Construction Proposals for Berlin

Hans van der Heijden

The pinnacles of modern urban development can, without a doubt, be attributed to the rare cases in which the urban discourse, administration, financing and design impact have coincided. In the historiography of cities, we think back to Ernst May's New Frankfurt, the reconstruction of Le Havre by Auguste Perret, Hendrik Petrus Berlage's Plan Zuid in Amsterdam. For simplicity's sake, we ascribe the huge building volumes as well as their quality to just a few people.[1]

Inevitably, the critical reconstruction of Berlin, which began in the 1990s, is linked with the then City Building Director (Senatsbaudirektor), Hans Stimmann. Ernst May's urban expansions could only be achieved thanks to the endeavour of the mayor Ludwig Landmann, the owner-occupied property tax (*Hauszinssteuer*) that financed the operation, the garden city ideology as imported from England and the efforts of a great many architect colleagues. Similarly, the critical reconstruction of the city of Berlin must have been a broad-based undertaking.

Stimmann's important supporter was the architect Hans Kollhoff. In the 1990s it was not only conceivable that someone could measure up to hitherto sacrosanct celebrities like Karl Friedrich Schinkel, but that historical competition became a benchmark and even a necessity to set critical reconstruction in motion. The stakes were high. The term 'critical reconstruction' raised issues of nostalgia (for an undivided, 19th-century Berlin?) which apparently had to be curbed with unqualified, critical questioning.[2]

That does not constitute a disqualification of Stimmann's and Kollhoff's accomplishments, on the contrary. However, this is not a historiographic discussion. It is about the work of the architects Johannes Modersohn and Antje Freiesleben (MoFrei), which cannot be understood without the context of the critical reconstruction of Berlin.

1 See for instance the opus magnum of Vittorio Magnago Lampugnani, *Die Stadt im 20. Jahrhundert*, Verlag Klaus Wagenbach 2010.

2 See also Hans van der Heijden, „The Heroism of Rationalism?", afterword in: Andrew Peckham, Torsten Schmiedeknecht (eds.), *The Rationalist Reader, Architecture and rationalism in Western Europe 1920–1940 / 1960–1990,* Routledge, London 2013.

Realistische Konstruktion Vorschläge für Berlin

Hans van der Heijden

Zweifelsohne sind die Höhepunkte der modernen Stadtentwicklung auf jene seltenen Umstände zurückzuführen, in denen der städtische Diskurs, die Politik, die Finanzierung und ein starker Entwurf harmonisch zusammenfallen. In der städtischen Geschichtsschreibung geht es etwa um das Neue Frankfurt von Ernst May, den Wiederaufbau von Le Havre von Auguste Perret und den Plan Zuid von Hendrik Petrus Berlage in Amsterdam. Der Einfachheit halber schreiben wir sowohl die enormen Bauvolumen als auch deren hohe Qualität Einzelpersonen zu.[1]

Die kritische Rekonstruktion Berlins in den 90er Jahren ist unweigerlich mit dem Namen des Senatsbaudirektors Hans Stimmann verbunden. Genauso wie die Stadterweiterungen von Ernst May nur aufgrund vieler Faktoren (das Engagement von Bürgermeister Ludwig Landmann, die Hauszinssteuer, die das gesamte Unternehmen finanzierte, die aus England importierte Ideologie der Gartenstadt und die Bemühungen vieler Architektenkollegen) realisiert werden konnten, war auch die kritische Rekonstruktion der Stadt Berlin ein Unterfangen, das eine breite Unterstützung fand.

Stimmanns wichtigster Begleiter und Mitstreiter war der Architekt Hans Kollhoff. In den 90er Jahren wurde es nicht nur denkbar, sich mit bis dahin unantastbaren Berühmtheiten wie Karl Friedrich Schinkel zu messen, diese historische Konkurrenz wurde sogar richtungweisend und geradezu notwendig, um die kritische Rekonstruktion zu bewerkstelligen. Der Einsatz war hoch. Der Begriff der kritischen Rekonstruktion setzte auch die Nostalgie (und die Sehnsucht nach dem ungeteilten Berlin des 19. Jahrhunderts?) wieder auf die Tagesordnung, die offensichtlich durch eine unqualifizierte, kritische Befragung gezügelt werden musste.[2]

Das ist keineswegs eine Herabsetzung der Verdienste Stimmanns und Kollhoffs, ganz im Gegenteil. Und es ist auch keine historiografische Betrachtung. Hier geht es um das Werk

1 Siehe etwa in seinem Opus magnum: Vittorio Magnago Lampugnani, *Die Stadt im 20. Jahrhundert*, Verlag Klaus Wagenbach 2010.

2 Siehe auch Hans van der Heijden, „The Heroism of Rationalism?“, Nachwort in: Andrew Peckham, Torsten Schmiedeknecht (Hrsg.), *The Rationalist Reader, Architecture and rationalism in Western Europe 1920–1940 / 1960–1990*, Routledge, London 2013.

Bürohaus Ebertstraße / Office Building Ebertstraße
Beisheim Center

der Architekt*innen Johannes Modersohn und Antje Freiesleben (MoFrei), das ohne den Kontext der kritischen Rekonstruktion Berlins nicht verstanden werden kann.

Eines der ersten realisierten Bauwerke des Architekturbüros befindet sich gleich um die Ecke von Leipziger Platz und Potsdamer Platz, zwei markanten Ensembles aus dieser Zeit mit klaren städtebaulichen Figuren. Trotz ihrer klaren urbanistischen Züge scheint die Architektur, obwohl deutlich kritisch gegenüber der Umgebung, noch im Begriff, eine klare Sprache zu entwickeln. So imposant sie auch sind, spricht aus diesen Ensembles doch eine gewisse Verbissenheit.

Die Fassade des von MoFrei entworfenen Bürogebäudes an der Ebertstraße weist eine strenge Wiederholung vertikaler Fensteröffnungen auf. Das Gebäude hat ein weit auskragendes Dachgesims und eine deutlich definierte Sockelzone und hebt die grundstücksweise Entwicklung der Straße hervor. Es ist dunkler und vor allem glatter als seine Nachbargebäude. Nur die Fensterlaibungen und die auskragenden Fensterbänke aus Naturstein geben der Fassade eine gewisse Reliefierung. Den Architekt*innen von MoFrei zufolge war Stimmann von der Farbe, die vom impliziten Repertoire der kritischen Rekonstruktion abweicht, nicht begeistert. Gewissermaßen ist es eine übergroß dimensionierte Palazzofassade, jedoch ohne den tektonischen Kraftakt, wie er auf dem Leipziger und dem Potsdamer Platz so zahlreich zu finden ist. Augenzwinkernd stellen MoFrei so ihr Wissen über die Klassiker zur Schau.

Die Bestandteile des Florentiner Palazzos sind evident, sie wurden aus ihrem historischen Zusammenhang herausgeholt und überarbeitet. Im Vergleich zu diesen Vorbildern ist das Dachgesims zu fragil und kragt zu weit aus, ist die Sockelzone zu niedrig und zu transparent, übernehmen die Fensterbrüstungen die Rolle des Ornaments usw. Es hat den Anschein, als wären die Architekt*innen im Dialog mit ihren Vorgängern, ohne sich jedoch gegen sie aufzulehnen. Die Fassade erhält ihre Detaillierung durch die Blättermotive der Fensterbrüstungen, die wiederum zu den unregelmäßigen Schattierungen der Fassadenplatten aus Naturstein passen. Die Suggestion eines Sockels wird durch den Einsatz eines anderen Natursteins und die betonte Horizontalität der Schaufenster erzeugt. Die Fenster haben rundum Aluminiumprofile. Die Wände der Eingangshalle wurden in geäderten Marmorplatten ausgeführt und die darüber liegenden Glaspaneele sind von hinten beleuchtet. Das Gebäude ist aus industriell gefertigten Elementen aufgebaut, der Klassizismus an der Ebertstraße wird durch moderne Baustoffe konstruiert.

Dabei stoßen wir auf ein Problem. Das Berliner Œuvre von MoFrei ist außerhalb von Stimmanns kritischer Rekonstruktion nicht zu verstehen, kann aber damit auch nicht vollständig erklärt werden.

One of the office's first edifices stands around the corner of Leipziger Platz and Potsdamer Platz, two distinctive ensembles dating from those days. Despite its clear urbanistic features, the architecture, critical as it is, seems to be searching for itself. However impressive they may be, the ensembles emanate a degree of doggedness.

The façade of the office building on Ebertstraße designed by MoFrei comprises a succession of vertical windows. The building has an overhang and a base, and emphasises the lot-by-lot development of the street. It is darker and, in particular, flatter than the adjacent premises. The only relief is created by its reveals and prominent stone window sills. According to the MoFrei architects, Stimmann was not amused about the color, which deviated from the implicit repertoire of the critical reconstruction. It is a sturdy palazzo façade, but without the tectonic tours de force of Leipziger Platz and Postdamer Platz. MoFrei are displaying their knowledge of classical architecture, tongue in cheek.

The elements of the Florentine palazzo are obvious, they have been adapted and shifted out of their historical balance. Compared with such examples, the overhang is too insubstantial and too protruding, the base is too low and too transparent, the railings have acquired the role of ornament, et cetera. The architects would appear to be engaged in a dialogue, but not in a battle, with their forefathers. The detailing of the façade comes from the leaf patterns of the railings which, in turn, rhyme with the speckled appearance of the stone cladding. The use of different types of stone and the horizontality of the display windows give the suggestion of a base. The fenestration comprises aluminium profiles. The entrance hall is clad with veined marble slabs, above which there are glass panels lit from behind. The building has been constructed from industrial components. Classicism as found in Ebertstraße is a construction of contemporary building materials.

Here, we encounter a problem. It is not possible to understand MoFrei's Berlin work without Stimmann's critical reconstruction, though that certainly does not explain it entirely. It should be borne in mind that Modersohn and Freiesleben are from a different generation. You might assume that the *No Future* generation of architects, the punk rockers who were accused by the 68ers not to continue the social struggle and to be "uncritical", was condemned to an opportunistic acceptance of Berlin morals and their practical refinement. However, with respect to MoFrei, that is too hasty a conclusion.

Clearly, Berlin was not yet finished, post-Stimmann. And, of course, the architectural debate evolved. The profession was internationalised. In the shadow of the quasi-martial turbo-modernism of "His Remness", there was something in the air.

Es darf nicht vergessen werden, dass Modersohn und Freiesleben aus einer anderen Generation stammen. Man könnte annehmen, dass die Architekt*innengeneration von *No Future*, der Punks, denen von den 68ern vorgeworfen wurde, den sozialen Kampf nicht mehr fortzuführen und „unkritisch" zu sein, zur opportunistischen Hinnahme der Berliner Moral und ihrer praktischen Weiterentwicklung verurteilt war. Das wäre im Falle von MoFrei jedoch gewiss ein vorschneller Schluss.

Natürlich war Berlin nach Stimmann noch nicht abgeschlossen. Selbstverständlich evolvierte der architektonische Diskurs und die Architektur wurde internationalisiert. Im Schatten des quasimartialischen Turbomodernismus von „His Remness" Koolhaas lag etwas in der Luft. In Westeuropa entwickelte sich ein Interesse an noch unbeachteten Architekt*innen, die für anonyme Auftraggeber an den großen Bauaufgaben ihrer Städte arbeiteten. Eine Gruppe innerhalb dieser internationalisierten Punk-Generation erstellte einen alternativen städtischen Kanon, darunter Fernand Pouillon, Kay Fisker, Giovanni Muzio und Asnago Vender.[3] Genauso wie die Punk-Musik Starallüren und das lange Gitarrensolo abschaffte, ist in diesem alternativen Kanon kein Platz für tektonische Schnörkel und heldenhaften Formendrang. Im Gegenteil, sie zeugt von Vielseitigkeit in einer Praxis, die versucht, mit lokal verfügbaren Mitteln auszukommen. Die Punk-Generation, zu der auch MoFrei gehören, bewirkte zumindest zwei produktive Entwicklungen im architektonischen Programm.

Erstens präzisierten sie das Werk von etwa Giovanni Muzio und die Architektur der Stadt. Während „die Stadt" heutzutage zum Containerbegriff mit ausschließlich positiven Konnotationen geworden ist, gründete Muzio seine Interpretation auf zwei grundlegende Fragen: Von welcher Stadt sprechen wir eigentlich und welche Architektur passt da hinein? Muzio stand für ein „materielles" Mailand mit neutralen Gebäuden. Er folgte den Straßenfluchten, baute hoch, wo es möglich war, und unprätenziös wo nötig. Seine Gebäude an der Piazza del Duomo verleihen der Räumlichkeit des Platzes Subtilität, versuchen aber nicht, in die monumentale Präsenz des Doms einzugreifen. Sein Material war der Mauerziegel. Im Schattenkanon war die Wechselwirkung zwischen Stadt und Gebäude alles andere als schematisch und wurde immer wieder auf andere Weise thematisiert.[4]

Zweitens verlagerte sich die Aufmerksamkeit von Experiment und Hochhausarchitektur auf fachkundiges Handwerk und Maßarbeit. Materialität, Dekoration, fachliches Können von Architekten und Ausführenden wurden wieder Teil des Berufs. Kurz gesagt, sobald das kritische Denken in der Architektur an Bedeutung verlor, rückten wesentliche Teile der Architektur wieder in den Mittelpunkt. Ein markantes Werk ist das Buch mit dem neologischen Titel *Midcomfort* der Architekten Miroslav Šik und Lukas Imhof[5],

3 Siehe, in willkürlicher Auswahl, die Publikationen von Adam Caruso (ETH Zürich) über Fernand Pouillon, Asnago Vender, die Wohnbaustudien *Building Register* von Bruno Krucker und Stephen Bates (TU München), die Internetpublikationen *Local Heroes* auf www.winhov.nl, die Architektur-Biennale von Venedig 2012 unter dem von David Chipperfield vorgestellten Thema Common Ground usw.

4 Hans van der Heijden, Joost Hovenier, *Pragmatic Geometry*, Oase #92.

5 Miroslav Šik und Lukas Imhof, *Midcomfort*, Birkhäuser 2014.

In Western Europe interest developed for overlooked œuvre-builders, for architects working on the large construction flows of their cities for anonymous clients. A niche within that internationalised punk generation was writing an alternative urban canon, including architects like Fernand Pouillon, Kay Fisker, Giovanni Muzio and Asnago Vender.[3] Punk music banished stardom and long guitar solos and, similarly, this shadow canon provides no tectonic faddism or heroic craving for form. On the contrary, it evidences versatility in a practice that seeks to suffice with locally available means. The punk generation, to which MoFrei belong, has brought about at least two productive developments in the architectural programme.

Firstly, they have explicated the œuvre of someone like Giovanni Muzio and the architecture of the city. While, these days, "the city" is a catch-all term with only positive connotations, Muzio based his interpretation on two fundamental questions: to which city are we actually referring and what architecture is compatible? Muzio stood for a "material" Milan with neutral buildings. He followed street lines, built tall where possible and unpretentiously where necessary. His edifices at Piazza del Duomo add subtlety to the piazza's spatiality, yet make no attempt to intervene in the monumental presence of the Duomo. His material was wire cut brick. In this shadow canon, the reciprocity between city and building was far from schematic and was addressed repeatedly in a different way.[4]

Secondly, attention shifted from experiment and tall architecture to conventional craftsmanship and purpose-built projects. Materiality, decoration, the professional skill of the designer and the builders once more became embodied in the profession. In short, as soon as critical thinking in architecture ceased to be a factor, considerable areas of architecture veered to the centre. A significant product is the book with the neologistic title *Midcomfort* by the architects Miroslav Šik and Lukas Imhof.[5] It addresses the Reform movement, amongst other things. It was no longer necessary to demonstrate the heroism of the housing sector with complex sectional drawings or tectonic analyses. The benchmarks were everyday comfort and the beneficence of architecture, and their acceptability. Accordingly, Šik and Imhof were to look into design elements like city balconies, loggias and oriels.

A good ten years after the office building, MoFrei were to realise an apartment building in the middle of a Berlin housing block in Wallstraße. The courtyard garden is green, tranquil and informal. It is the opposite of the formal decorum of Ebertstraße. This, too, is urbanity. The articulation and volume of the residential building in the courtyard were the result of negotiations. It is the kind of assignment for which the terms are all too easily set out as constraints. There is no point in posing as Schinkel in this case.

3 See for a random selection: publications by Adam Caruso (ETH Zürich) on Fernand Pouillon, Asnago Vender, the *Building Register* housing studies by Bruno Krucker and Stephen Bates (TU Munich), the *Local Hero* internet publications at www.winhov.nl, the 2012 Venice Architecture Biennale with the theme Common Ground, advanced by David Chipperfield, etc.

4 Hans van der Heijden, Joost Hovenier, Hans van der Heijden, *Pragmatic Geometry*, Oase #92.

5 Miroslav Šik and Lukas Imhof, *Midcomfort*, Birkhäuser 2014.

dessen Thema u. a. die Reformbewegung ist. Der Heroismus des Wohnungsbaus musste nicht mehr länger mit komplizierten Schnitten oder tektonischen Analysen nachgewiesen werden. Alltäglicher Komfort und die Zweckmäßigkeit dieser Architektur sowie ihre Akzeptanz bildeten die neuen Maßstäbe. So untersuchten Šik und Imhof zum Beispiel gestalterische Elemente wie städtische Balkons, Loggien und Erker.

Zehn Jahre nach dem Bürohaus an der Ebertstraße errichteten MoFrei mitten in einem Berliner Baublock an der Wallstraße ein Wohngebäude. Der Innenhof ist grün, still und informell und stellt das Gegenstück zum formenreichen Dekor des Bürogebäudes dar. Auch das ist Stadt. Die Gliederung und das Volumen des Wohngebäudes im Innenhof sind das Resultat langer Verhandlungen. Das Projekt fällt in jene Kategorie von Aufgaben, die oft einfachheitshalber über ihre Beschränkungen definiert werden. Hier hat es keinen Sinn, Schinkel spielen zu wollen.

Wohn- und Geschäftshaus Chausseestraße /
Apartment and Office Building Chausseestraße

Ganz nüchtern geht der Entwurf von der Wohnnutzung aus. An der Südseite liegen großzügige Balkons mit halbhohen Brüstungen aus Mauerwerk, die für mehr Privatsphäre sorgen und die Außenräume in die gesamte Gebäudemasse einbinden. Wo nötig wurden aus dem Bauvolumen vertikale Fensteröffnungen und französische Balkons herausgeschnitten. Putz in verschiedenen glatten und rauhen Ausführungen bildet gemeinsam mit den Fassadenöffnungen ein Patchworkmuster. Der Eingang des Gebäudes im Innenhof liegt genau in der Achse des Durchgangs. Türen und Wandverschalungen aus kunstvoller Holzimitat-Malerei, Fußböden aus Naturstein sowie Spiegel und Fenster sorgen für einen Raum mit prägnanter Architektur, der die Bewohner*innen und Besucher*innen an die Förmlichkeit der Straße erinnert.

Ungefähr zur selben Zeit entstand ein Wohn- und Geschäftshaus an der Chausseestraße in Berlin-Mitte. Ein symmetrischer Baukörper auf einem schmalen Grundstück, wobei die Fassade an der Straßenseite ab dem zweiten Obergeschoss auskragt. Die Architektur wird auch hier wieder in der Fassade zelebriert. Die beigen Keramikfliesen versuchen nicht die Ziegelmauer zu ersetzen, sondern suggerieren aus eigener Kraft Massivität, Solidität und Textur. Pro Geschoss wird das richtungslose Fliesenmuster durch stehende Fliesenreihen unterbrochen, die die Höhe der Geschossdecken andeuten. Und auch hier sind es die Fensterbänke, die der Fassade ein gewisses Relief verleihen. Beim Geschäftseingang wird das Muster der Gesimse neu interpretiert. Hier wurden sie dicht übereinander angeordnet, um die gekrümmten Glasflächen zu beiden Seiten der Tür zu akzentuieren. Mit denselben Mitteln bilden die Hoffassaden freie Kompositionen mit zweigeschossigen Außenräumen.

Unmissverständlich zeigt sich, welche Stadt und welche Architektur hier konstruiert wird. Die Förmlichkeit des Gebäudes an der Chausseestraße und die Informalität der Innenhofbebauung an der Wallstraße rufen wenig anderes als die verschiedenen Manifestationen der gegenwärtigen Berliner Wohnstadt in Erinnerung und referieren auf nichts anderes als die deutsche Bauindustrie des Hier und Heute – mit allen ihren Qualitäten und Mängeln. Die Projekte übergehen den Wiederaufbau einer Idealstadt des 19. Jahrhunderts. Die Verbissenheit, die dem Bürohaus an der Ebertstraße eventuell noch zugeschrieben werden kann, ist verschwunden. MoFrei beteiligen sich an den großen Bauaufgaben ihrer Stadt. Das sind realistische Konstruktionen.

Johannes Modersohn und Antje Freiesleben haben innerhalb des alternativen Kanons zeitgenössischer Architekten eine eindrucksvolle Position eingenommen.

The design is based pragmatically on living. Spacious balconies are south-facing. They have waist-high parapets, which make for privacy and tie the outdoor spaces to the building's principal volume. Where necessary, vertical windows and French balconies casually pierce the principal volume. Plasterwork, the texture of which varies in roughness, forms a patchwork with the wall openings. The entrance to the building follows the axis of the gateway to the courtyard garden. Treated wood- imitating doors and wall panelling, natural stone floors, mirrors and windows produce an eloquent architectural space, recalling for the visitor the formalistic character of the street.

At about the same time, a combined residential and business building was erected at Chausseestraße in Berlin Mitte. It is a narrow, symmetrical volume. The façade cantilevers out from the second storey. In this building, too, architecture is celebrated in the façade surface. Beige ceramic tiles do not purport to supplant brickwork, but, with their own impact, suggest massiveness, solidity and texture. The haphazard tile pattern is replaced on each storey with upright courses which convey the height of the floors. The window sills again provide relief in the façade surface. At the entrance, the pattern of the sills is thrown into disarray. There, they have been placed close together, thus accentuating the curved glazing beside the front door. The same means have been deployed for the rear walls, thus creating free compositions with double-height outdoor rooms.

There is no doubt as to which city and which architecture are involved. The formalistic character of the building at Chausseestraße and the informality of the courtyard housing block at Wallstraße are almost exclusively reminiscent of the various expressions of Berlin as a contemporary residential city and refer to nothing other than the present-day German construction industry, with all its qualities and shortcomings. The projects pass over the reconstruction of a 19th-century ideal city. The doggedness which could possibly still be attributed to the office building at Ebertstraße has vanished. MoFrei have applied themselves to the major building movements of their city. These are realistic constructions.

Johannes Modersohn and Antje Freiesleben secured an impressive position within the alternative canon of contemporary architects.

Wohnhaus Choriner Straße /
Apartment Building Choriner Straße

Gästehaus mit Atelier in Simrishamn /
Guesthouse with Studio in Simrishamn

Haus am Otnabog Lake /
House at Otnabog Lake

A House in the Countryside

Ijoma Mangold

It is the beginning of April 2020 (in the meantime, everyone has grown accustomed to life under lockdown, to the new loneliness, to the end of natural closeness) when Antje comes to pick me up with her car. She's brought me a professional looking nose-and-mouth mask, which, considering the last few weeks and their general shortage, represents a kind of coup. We are planning to take a little trip to the country in and around Brandenburg, and our masks are supposed to show its inhabitants that we have no intention of smuggling the virus out of the infectious capital to inject it into the healthy province, and that we aren't a couple of airheads but two people on a serious mission.

Our outing has to do with country houses. Since having recently become a homeowner myself, I talk about almost nothing else. My need to share is enormous. You can still manage to explain your flat in the city in rational or functional terms ("It's so close to the airport," "I've still got one of those old-school Berliner leases," "I've got to find something better price-wise first!"); with a country house, on the other hand (and especially if you're talking about a weekend house in the country), you've got to lay your emotional cards out on the table right at the start. A place in the city does not have much of an effect on its inhabitant's character; you can inhabit a city dwelling in a neutral way. With a country house, however, that is just about impossible. The impact it has on its owner is total. It intervenes in your way of life; it imposes a certain habitus on you and cannot therefore be neutralized by saying you simply need a roof over your head.

As far as a city apartment is concerned, you're usually just happy to have found something affordable at all, and it's a rare case indeed that the city dweller is also the object's owner. The weekend house in the country, on the other hand, is often an enchanted ruin or at the very least a melancholic in need of renovation, which is why the new owner almost always becomes

Ein Haus auf dem Land

Ijoma Mangold

Es ist Anfang April 2020, alle haben sich mittlerweile an das Leben im Lockdown gewöhnt, an die neue Einsamkeit, an das Ende der selbstverständlichen Nähe, als mich Antje mit dem Auto abholt. Sie hat mir eine professionell aussehende Mund-Nasen-Maske mitgebracht, was in diesen Wochen einen ziemlichen Coup darstellt, denn es herrscht Masken-Engpass. Wir planen eine kleine Landpartie durch Brandenburg, und unsere Masken sollen den Brandenburger*innen signalisieren, dass wir nicht vorhaben, das Virus aus der infektiösen Hauptstadt in die gesunde Provinz einzuschleppen, und dass wir auch sonst keine Hallodris sind, sondern unterwegs in ernsthafter Mission.

Es geht um Häuser auf dem Land. Seit ich selbst seit Kurzem ein solches besitze, rede ich über fast nichts anderes mehr. Mein Mitteilungsdrang ist enorm. Die Stadtwohnung kann man noch rational oder funktional erklären („liegt so nah zum Flughafen“, „hab da noch einen alten Mietvertrag“, „find erstmal was Besseres bei den Preisen!“), beim Haus auf dem Land hingegen (und in besonders starkem Maße beim Wochenendhaus auf dem Land) muss man auch emotional die Karten auf den Tisch legen. Die Stadtwohnung wird von ihren Bewohner*innen genutzt, ohne dass sie ihrerseits auf deren Charakter durchschlüge, eine Stadtwohnung kann bedeutungsneutral bewohnt werden. Das ist beim Landhaus so gut wie unmöglich. Das Landhaus schlägt voll auf seine Besitzer*innen durch, greift in deren Lebensform ein, zwingt ihnen einen bestimmten Habitus auf und kann deshalb nicht mit dem Hinweis, man brauche halt ein Dach über dem Kopf, neutralisiert werden.

In der Stadtwohnung ist man in der Regel froh, überhaupt etwas Bezahlbares gefunden zu haben, nur äußerst selten sind Stadtwohnungsbewohner*innen zugleich Bauherr*innen des Objekts, in dem sie leben. Das Wochenendhaus auf dem Lande dagegen ist häufig eine verwunschene Bauruine oder mindestens ein melancholischer Sanierungsfall, weshalb die neuen

the builder-owner. And to be a builder-owner means (this is for the non-architects among the readers): having to take more decisions than you ever have had to take in your life. Or rather: being ALLOWED to take more decisions than you ever have before in your life. Anyone who suffers from the routines of an overly formatted existence should become a builder-owner: there is nothing that is not due to your own decisions.

In short, the house in the country bears its owner's signature. In the city there are more beautiful and less beautiful, larger and smaller, more expensive and less expensive apartments but, in the end, there is a housing market in which a lot of demand faces a limited supply. In the countryside, however, the house is the imprint of its occupants' souls. (Which, by the way, does not mean that houses in the countryside are nicer per se—there are also ugly souls and, lately, an alarming number of them with glazed roof tiles ...) Houses in the countryside contain more stories.

For me, I imagine something like the following: Take a guy who's spent half his life in uniform, where the only selection criterion is size, and suddenly put him in front of a men's tailor from Savile Row. All of a sudden he realises that nothing is self-evident, that everything—every seam, every button, the length of the lapel, the lining, the fit of the trouser pockets, the colour of the yarn—has to be chosen individually.

The weather over the last few Corona weeks has been rather nice, so Antje and I roar off towards Uckermark under a bright blue sky. The first house on our excursion is in Althüttendorf, a village on a slight hill overlooking a reed-lined lake. A windmill at the end of the village gives you the feeling of standing on a dike and being part of a painting by a Dutch landscape artist.

Antje and Johannes built the house in Althüttendorf in the early two-thousands. The clients came from the world of advertising. I imagine them to have been minimalists and style-terrorists, with very clear ideas about their own lives, which included having no intention whatsoever of being part of the rural community.

Even though it stands in a row with its neighbours, the house shields itself. On three sides it is surrounded by walls of slightly weathered larch wood that shimmers wonderfully silver. Only open to the front, to see its shy inhabitants you would have to approach it from the lake, towards which the front is directed ... Behind the visible walls, however—and this is the architectural paradox—the house is radically transparent: the outer walls are made of a see-through plastic so that the light from the sky floods the house from above.

If houses can be arrogant, then this one is it. Arrogant, not ostentatious. No, its snobbery is strictly minimalist. It's as if someone had lowered their voice just to be understood more clearly. Here there is no room for misunderstanding. Here someone is living their style, regardless of what anyone else may think. This house is interested in nature, not nature's inhabitants.

Haus am Grimnitzsee /
House at Grimnitzsee

And it makes darn sure that no one will ever get the bright idea of stopping by with some bread and salt as a welcoming gift. In every one of its elements this house states, “This way and not any other!” “You’d better not want anything from me but what I was created for.”

Such arrogant gestures are only softened by the beauty of the materials and the understatement of the structure as a whole. For as obstinate as its solitary purpose may be, it just as smoothly blends into the street. Its isolation and its fitting-in seem to be one and the same thing.

The builders sold last year; the new owners only let us into the garden, which seems fitting for the house with the high entrance threshold, but they had other, completely understandable reasons: concerns about Corona. The new owners have a little child and didn’t want to take any risks. And so, we stood with the owner in the garden, at a sufficiently safe distance, the lake at our backs, above us on the hill the open front of the house. And from this perspective the house is extremely open: A house like a glass box—but only when looking from the lakeside. You can imagine the inhabitants moving about their realm in the nude while the sun sets over the lake. Its mystery stimulates your curiosity all the more.

From Althüttendorf we continue northwards to Melzow on Oberuckersee Lake. A greater contrast to the house in Althüttendorf is not imaginable. Instead of cool distance, here there is such a warm feeling of being at home. The house with its red tin facade, visible from 270 degrees, lies in the middle of the village. It is part of the village too, as if one could only survive in the village community. If you paint your fence here, it’s a public event, of which the neighbours, I suppose, not only will take note, but approve.

The clients are friends of Antje’s and Johannes’s. Their budget was limited. After discovering the plot, due to costs, they decided on a prefab house. Antje’s and Johannes’s hair stood on end. That was something they just could not allow. And so, into a bidding war with a prefab house. Individual production vs. scaling, tailor-made vs. ready-made—for the same budget.

It worked. Inside chipboard, essentially a large room with two separate bedrooms and the bathroom, an additional sleeping bunk and playground set in as a gallery. Outside, as I said, red tin. In the village, at first, the family received quite a few stares: This is not a material you use to build a respectable house! Couldn’t they afford concrete? But the house makes an all-around stable impression; it combines lightness with solidity. All the same, their reputation was lost: in the village, the inhabitants were referred to as “the Tin family”. But what was originally a derogatory sobriquet has long since become an expression of individual distinction.

We leave the Uckermark and head west to the Neuruppiner Land, where the writer Theodor Fontane was from.

Eigentümer*innen fast immer auch zu Bauherr*innen werden. Und das heißt (dies jetzt nur für die Nicht-Architekt*innen unter den Leser*innen): So viele Entscheidungen fällen zu müssen wie sonst nie im Leben. Das korrekte Modalverb lautet natürlich: so viele Entscheidungen fällen zu DÜRFEN wie sonst nie im Leben. Wer sonst unter den Routinen eines allzu durchformatierten Lebens leidet, sollte bauen: Da gibt es dann nichts mehr, was sich nicht der eigenen Entscheidung verdankt.

Kurz, das Haus auf dem Land trägt die Handschrift seiner Besitzer*innen. In der Stadt gibt es schönere und weniger schöne Wohnungen, größere und kleinere, teurere und billigere, aber am Ende gibt es einen Wohnungsmarkt, auf dem sehr viel Nachfrage einem begrenzten Angebot gegenübersteht. Auf dem Land ist das Haus Abdruck der Seele seiner Bewohner*innen. (Was im Übrigen nicht heißt, dass Häuser auf dem Land per se schöner wären – es gibt auch hässliche Seelen und in letzter Zeit erschreckend viele Seelen mit glasierten Dachziegeln ...) In den Häusern auf dem Land lagern sich mehr Geschichten ab.

Ich stelle mir vor: Jemand hat sein halbes Leben in Uniform verbracht, bei der das einzige Auswahlkriterium die Konfektionsgröße war, und plötzlich steht er einem Herrenschneider aus der Savile Row gegenüber und realisiert, dass sich nichts von selbst versteht, dass er sich für alles, jede Naht, jeden Knopf, die Länge des Revers, das Innenfutter, den Sitz der Hosentaschen, die Farbe des Garns, individuell entscheiden muss.

Die Corona-Wochen waren eine Schön-Wetter-Periode, und so brausen Antje und ich unter strahlend blauem Himmel Richtung Uckermark. Das erste Haus auf unserer Exkursion liegt in Althüttendorf, das auf einer leichten Anhöhe einen schilfumrankten See überblickt. Eine Windmühle am Ende des Dorfes gibt einem das Gefühl, man stünde auf einem Deich und wäre Teil eines Gemäldes eines niederländischen Landschafters.

Das Haus in Althüttendorf haben Antje und Johannes in den frühen Nullerjahren gebaut. Die Bauherr*innen kamen aus der Werbewelt, Minimalistin und Stilterrorist, so stelle ich mir vor, mit sehr klaren Vorstellungen von ihrem eigenen Leben, und zu diesen Vorstellungen gehört die Gewissheit, nicht Teil der Dorfgemeinschaft sein zu wollen.

Dieses Haus schirmt sich ab, obwohl es in einer Reihe mit seinen Nachbarn steht. Von drei Seiten ist es umschirmt von Wänden aus Lärchenholz, die, leicht verwittert, herrlich silbern schimmern. Nur nach vorne ist das Haus offen, aber da müsste man sich schon vom See her nähern, auf den die Frontseite ausgerichtet ist, um Einblick bei den menschenscheuen Bewohner*innen nehmen zu können ...

Hinter den Sichtwänden allerdings, das ist die architektonische Paradoxie, ist das Haus radikal transparent, die Außenwände sind aus einem durchsichtigen Kunststoff, so dass das Licht vom Himmel das Haus von oben flutet.

Haus in Melzow /
House in Melzow

Wenn Häuser arrogant sein können, dann ist es dieses. Arrogant, nicht protzig. Im Gegenteil, sein Snobismus ist streng minimalistisch. Es ist, als wenn jemand die Stimme senkt, nur um noch deutlicher verstanden zu werden. Hier gibt es keinen Raum für Missverständnisse. Hier lebt jemand seinen Stil, egal, wie andere darauf reagieren. Dieses Haus interessiert sich für die Natur, nicht für deren Bewohner*innen. Und es stellt sicher, dass niemand aus Versehen einmal anklopft, um zum Einzug Brot und Salz vorbeizubringen. Dieses Haus sagt in jedem seiner Elemente: „So und nicht anders!" und: „Wolle nichts anderes von mir als das, wofür ich geschaffen wurde."

Die arrogante Geste wird nur durch die Schönheit der Materialien und die vornehm zurückhaltende Leichtigkeit des ganzen Gebildes gemildert. Denn so eigensinnig seine solitäre Bestimmung, so geschmeidig fügt es sich ein in den Straßenzug. Seine Abschottung und seine Einpassung scheinen ein und dasselbe zu sein.

Die Bauherr*innen haben im vergangenen Jahr verkauft, die neuen Besitzer*innen lassen uns nur in den Garten, was irgendwie zu dem Haus mit der hohen Eintrittsschwelle passt, aber der Grund ist ein anderer, völlig verständlicher: Die Sorge wegen Corona. Die neue Hausherrin hat ein kleines Kind und möchte kein Risiko eingehen. So stehen wir mit dem Hausherrn im Garten, ausreichender Sicherheitsabstand, den See im Rücken, über uns auf der Anhöhe die offene Frontseite des Hauses. Aus dieser Perspektive ist das Haus sogar extrem offen: Ein Haus wie ein Glaskasten – aber eben nur von der Seeseite aus betrachtet. Man stellt sich vor, wie sich die Bewohner*innen nur noch nackt durch ihr Reich bewegen, während über dem See die Sonne untergeht. Sein Geheimnis reizt die Neugier erst recht.

Von Althüttendorf geht es weiter Richtung Norden, nach Melzow am Oberuckersee. Ein größerer Kontrast zu dem Haus in Althüttendorf ist nicht vorstellbar. Statt kühler Distanz eher so ein Allmende-Gefühl. Mitten im Dorf liegt das Haus mit seiner roten Blechfassade, von 270 Grad einsehbar, Teil des Dorfes, als könne man nur in der Dorfgemeinschaft überleben. Wenn man hier seinen Zaun streicht, ist das ein öffentlicher Vorgang, der von den Nachbar*innen, vermute ich, nicht nur zur Kenntnis genommen, sondern gebilligt wird.

Die Bauherr*innen sind Freund*innen von Antje und Johannes. Ihr Budget war begrenzt. Nachdem sie das Baugrundstück für sich entdeckt hatten, wollten sie aus Kostengründen ein Fertighaus darauf setzen. Antje und Johannes standen die Haare zu Berge: Das konnten sie nicht zulassen. Also traten sie in einen Preiskampf mit einem Fertighaus. Einzelanfertigung gegen Skalierung, Maßanzug gegen Konfektionsware – bei gleichem Budget.

Es hat geklappt. Innen Spanplatten aus Seekiefer, im Wesentlichen ein großer Raum, von dem zwei separate Schlafzimmer und das Bad abgehen, eine zusätzliche Schlafkoje und Spielwiese

Bungalow am Vielitzsee /
Bungalow at Vielitzsee

als Galerie eingelassen. Außen, wie gesagt, rotes Blech. Im Dorf wurde die Familie anfangs schief angeguckt: Das ist doch kein Material, aus dem man ein seriöses Haus baut! Können die sich keinen Beton leisten? Aber das Haus macht einen rundum stabilen Eindruck, verbindet Leichtigkeit mit Solidität. Ihren Ruf hatten sie trotzdem weg: Im Dorf nannte man die Bewohner*innen „die Blechis". Was am Anfang noch abwertend gemeint war, ist längst Ausdruck individueller Auszeichnung geworden.

Wir verlassen die Uckermark und fahren Richtung Westen, ins Neuruppiner Land, Fontane-Gegend. Am Vielitzsee liegt der Vierseithof, den sich eine Hamburger Reederfamilie ausgeguckt hat, um die weitverzweigte Familie bei Festlichkeiten an einem Ort versammeln zu können. Wir fahren auf den Hof und schließen das Tor hinter uns. Jetzt sind wir in einer Welt eigenen Rechts. Unsere Sorge, mit unserem Berliner Autokennzeichen der Brandenburger Polizei ein Dorn im Auge zu sein, verfliegt.

Die große Scheune wurde zu einem herrschaftlichen Wohnhaus umgebaut, das zum Schreiten wie ein Schlossherr oder eine Schlossherrin verführt. Unter den fünf Meter hohen Decken hängt Kunst, eine spektakuläre Holztreppe führt auf den Dachboden, dessen nicht minder eindrucksvolle Raumflucht zu Festbanketten einlädt. Architektur für dynastische Rituale.

Das sind ganz andere Dimensionen als bei den Blechis, aber wer ein Haus zu beleben versteht, schafft überall Lebendigkeit und Wärme. Es ist auch schön, aus dem Vollen zu schöpfen. Man möchte die Materialien am liebsten die ganze Zeit anfassen.

Aber der eigentliche Knaller kommt erst noch. Von der Scheune fällt das Gelände zum See hin ab, Weinreben haben die Hausherr*innen hier gepflanzt, und unten, direkt am See, duckt sich ein langgezogenes Gebäude an den Hang. Von hinten ist es quasi eins mit dem Gelände, nur nach vorn öffnet sich eine lange Glasfront. Als der Bauernhof noch eine LPG war, war dies ein Entenstall. In den letzten Jahren der DDR wurde er dann für kurze Zeit ein Ferienheim, bevor nach der Wende alles zerfiel. Heute ist es ein langgezogener Bungalow, der durch seine Glasfront im flirrenden Sonnenlicht eins wird mit dem See, auf den er schaut. Mehr Luft und Licht ist kaum denkbar, ein wenig fühlt man sich an Frank Lloyd Wright erinnert, und für einen kurzen Moment kommt ein wenig Sozialneid auf, denn so ein Seegrundstück, ja, so ein Seegrundstück scheint dann doch in privilegierter Weise die elementaren Energien des Wassers und der Natur für sich zu beanspruchen.

Und doch ist die dominante schöne Erfahrung dieser Architektur-Exkursion: Drei sehr unterschiedliche Häuser, drei sehr unterschiedliche Soziologien, und alle sind konkretes, gelingendes Leben. Mit tausend Ideen für mein eigenes kleines Bauernhäuschen (das auch voll von Geschichten ist) fahren wir beseelt zurück nach Berlin.

The *Vierseithof*—which a family of shipowners from Hamburg has chosen to turn into the gathering place for all of the family's celebrations—is located at Vielitzsee. We enter the yard and close the gate behind us. Now we are in a world of our own. Any worries we had about drawing the ire of the Brandenburg police with our Berlin license plate number evaporate.

The large barn was rebuilt into a stately home that tempts you to parade about like the lord of the castle. There is art hanging down from the five-metre high ceilings, and a spectacular wooden staircase leads up to the attic, whose no less impressive suite of rooms invites you in to take part in a banquet. Architecture for dynastic rituals.

These are completely different dimensions to those of the Tin family, but anyone who knows how to liven up a house will create liveliness and warmth wherever they are. It is also nice to have free reign. You just want to touch all the materials all the time.

But the real surprise is yet to come. From the barn, the property slopes down to the lake. Here the owners have planted vines, while down below, directly by the water, there is a long structure crouching along the slope. Seen from behind, it is virtually one with the ground; along the front one long vision of glass. When the farm was still part of an agricultural production cooperative, this building was a duck coop. In the last years of the GDR, it became a holiday home for a spell before everything fell apart right after the fall of the Wall. Today it is a long bungalow which thanks to its glass front becomes one with the lake in the shimmering light. More air and light is hardly imaginable. It is slightly reminiscent of Frank Lloyd Wright, and for a brief moment you feel a twinge of envy because such a lake property, yes, such a lake property seems to claim the elementary energies of water and nature all for itself in a privileged way.

And yet this architectural excursion's most beautiful experience remains: three very different houses, three very different sociologies, and yet all full of solid, successful lives. Animatedly, with a thousand ideas for my own little farmhouse (which is also full of stories), we drive back to Berlin.

Haus am Scharmützelsee /
House at Scharmützelsee

Wohnhaus Wallstraße / Apartment Building Wallstraße

Das Innere des großen, zerklüfteten Blocks in Berlin-Mitte ist unerwartet unstrukturiert, könnte man doch die Berlin typische Hinterhaus-Seitenflügel-Typologie vermuten, wenn man die Wallstraße entlanggeht.

The interior of the large, jagged apartment block in Berlin's Mitte district is surprisingly unstructured, walking along Wallstraße you might even assume it to be of the typical Berlin back-building-side-wing typology.

Wallstraße 25a, Berlin-Mitte
2012–2014
2.319 qm Wohnfläche / sqm living area
26 Wohnungen / flats

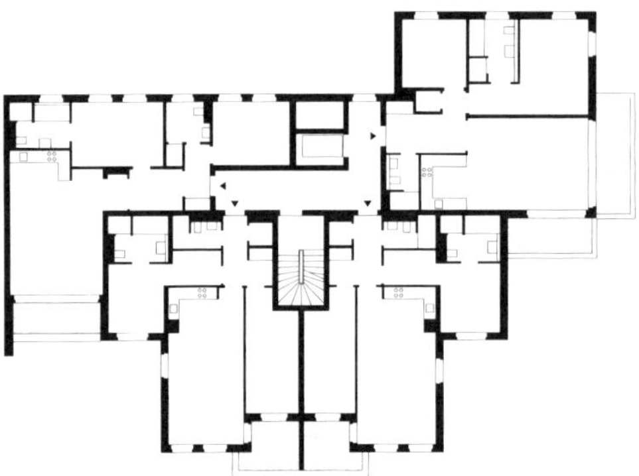

2.

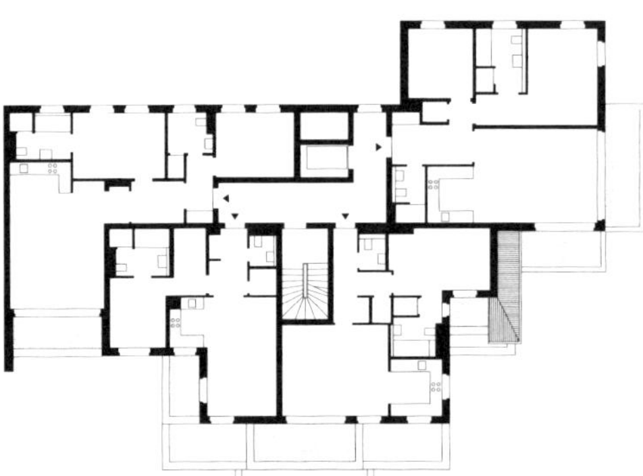

7.

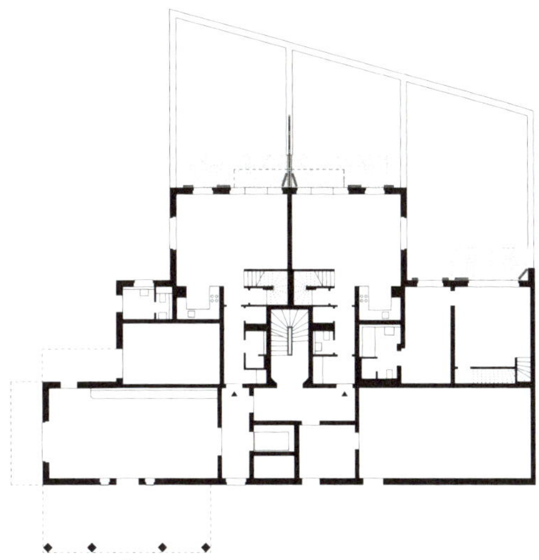

EG / GF

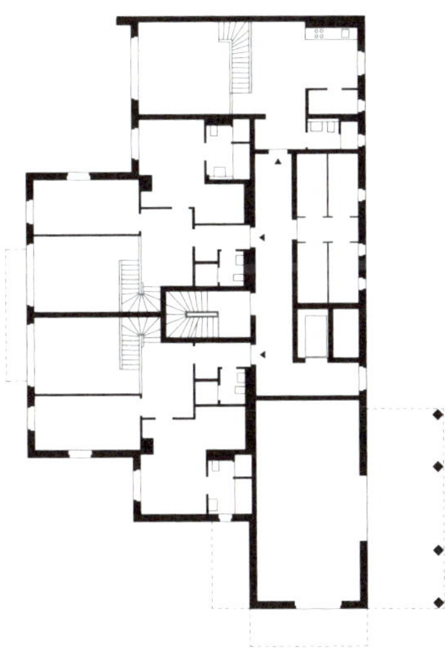

1.

At the end of a long fire wall, between a flat BVG transformer building, some gardens, fences, paths, and an excitedly designed post-reunification structure or two, this garden apartment house completes the heterogeneous ensemble.

Via a gate on Wallstraße, you reach the entrance of the eight-storey residential building, which, despite its location, is unconventionally stately. Here it is quiet and bright. A loggia, framed by four supports, centrally accommodates the entrance. The columns are sloped, concrete, the capital insulated on the sides. The wall behind it is pink, a quartzite, laid in a diamond shape, like a wallpaper pattern, with a grey base of pietra serena underneath. A painted door, above it a supraporte or overdoor, and a few adjacent windows.

The inhabitants are welcomed by a large hall, a mirror opposite, framed in black, with a long bench underneath for waiting or simply lingering. Natural light from three sides, a fine natural stone floor in a medieval pattern, the walls delicately painted, a distinctive light fixture in the middle of the room—here you immediately feel at home.

The multifaceted building houses a large number of apartments (26) and storerooms, as well as a space for bicycles, a caretaker's office, and a bin room. A house with three different sides, it seems

Am Ende einer langen Brandwand, zwischen ein flaches BVG-Trafohäuschen, Gärten, Zäune, Wege und aufgeregte Bauten der Nachwendezeit geklemmt, komplettiert dieses Gartenhaus das heterogene Ensemble.

Über eine Tordurchfahrt in der Wallstraße gelangt man auf geradem Weg zum Eingang des trotz seiner Lage eigenwillig stattlichen, achtgeschossigen Wohnhauses. Hier ist es still und hell. Eine Loggia, gerahmt von vier Stützen, nimmt den Eingang zentral auf. Die Stützen sind schräg gestellt, aus Beton, das Kapitell ist flankengedämmt. Die Wand dahinter ist rosa, ein Quarzit, rautenförmig verlegt, wie ein Tapetenmuster, darunter ein grauer Sockel aus Pietra Serena. Eine bemalte Tür, darüber eine Supraporte und ein paar Fenster neben ihr.

Die Bewohner*innen werden empfangen von einer großen Halle, ein Spiegel gegenüber, schwarz gerahmt, darunter eine lange Bank zum Warten oder Verweilen. Natürliches Licht von drei Seiten, edler Natursteinfußboden in mittelalterlichem Muster, die Wände zart bemalt, eine markante Leuchte in der Mitte des Raumes – hier ist man sofort zu Hause.

Eine große Anzahl an Wohnungen (26), Abstellräumen, Fahrrädern, Hausmeister- und Müllraum nimmt das vielgestaltige Gebäude auf. Es ist ein Haus mit drei verschiedenen Seiten, ein wenig wie es

to have taken some of Modernism's suggestions to heart: the broad side to the north restrained, almost closed; to the west evenly stacked; and to the south everything that is still missing for living. Sometimes the outer wall springs back where the building could not take up any more room. Where it was able to be more, the ceiling rises—and so the structure appears particularly slender on its narrow side, self-consciously asserting itself almost like a tower. Where it had to become less, the balconies and terraces were created, at least one per apartment, wild and yet still orderly. In one instance, the recess was too narrow for a terrace and so a small, tiled red roof was created to hide the problem—maybe our ancestors would have done the same?

The building is enveloped by a delicate garment of plaster, its smooth, scratched, and comb variants coming together to create, in unison with the often floor-to-ceiling windows, a fine fabric. The varying granularity reflects the light in different ways and thus, depending on the time of day and the season, it is almost as if the house were dressed in different colours.

die Moderne vorschlug: fast verschlossen, zurückhaltend zur Breitseite nach Norden, gleichmäßig gestapelt nach Westen, und dann nach Süden alles, was noch fehlt zum Wohnen. Manches Mal springt die Außenwand zurück, mehr Raum durfte das Haus hier nicht einnehmen. Wo es mehr werden konnte, erhöht sich die Decke – und so wirkt das Haus an seiner Schmalseite besonders schlank, fast wie ein Turm behauptet es sich hier, seiner selbst bewusst. Wo es weniger werden musste, entstehen die Balkone und Terrassen, für jede Wohnung mindestens eine, wild und doch geordnet. Einmal ist der Rücksprung zu schmal für eine Terrasse. Ein kleines, ziegelgedecktes rotes Dach verbirgt das Problem – so hätten unsere Vorfahren das vielleicht auch gemacht?

Ein zartes Gewand ist die Putzstruktur, die das Gebäude umhüllt, Glatt-, Kratz- und Kammputz bilden, in Einheit mit den oft bodentiefen Fenstern, ein feines Gewebe. Die unterschiedliche Körnigkeit reflektiert das Licht verschieden und so erscheint, je nach Tages- und Jahreszeit, das Haus fast verschiedenfarbig gekleidet.

Kirche in Padua / Church in Padua

Haus am Otnabog Lake / House at Otnabog Lake

Es würde schon genügen, dass sich dieses Ferienhaus im kanadischen Queenstown für die Bewohner*innen gut anfühlt. Doch es ist auch ein intelligentes Spiel mit den Haustypologien, die in der dünn besiedelten Gegend in New Brunswick anzutreffen sind.

It would have been just enough to feel good in this holiday home in Canadian Queenstown for the inhabitants. But it is an intelligent game with the typologies of those houses you will find in this rural and sparsely populated region in New Brunswick.

Queenstown, New Brunswick, Kanada
2011–2012
138 qm Wohnfläche / sqm living area

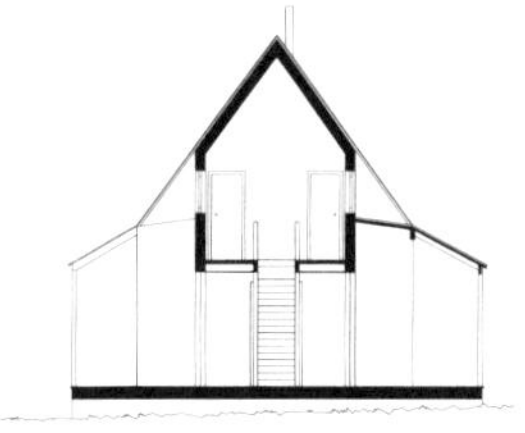

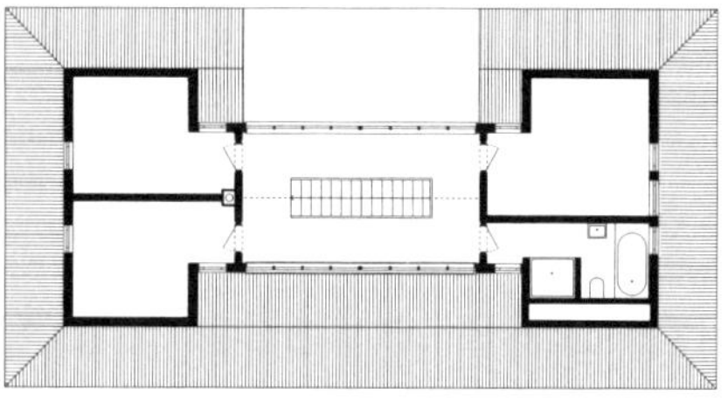

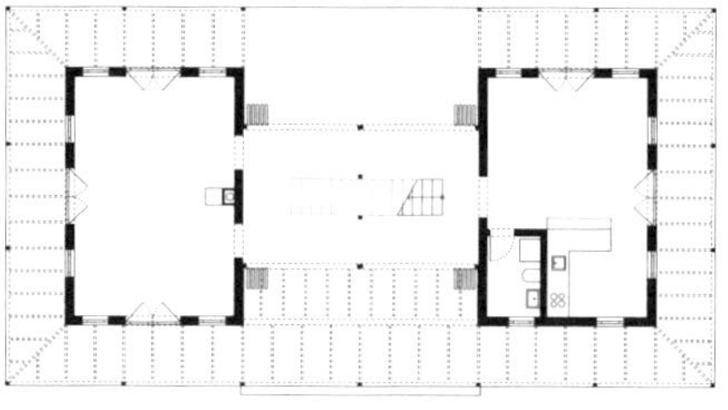

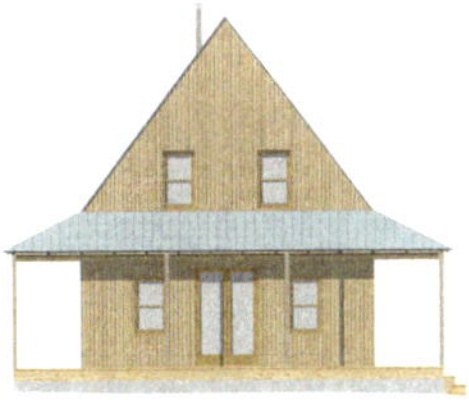

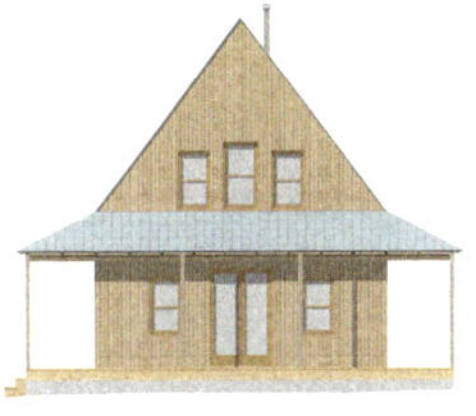

And furthermore, it is a finger exercise with architectural theory, a wink and side glance on Palladio, Durand, Venturi and Co.

Queenstown in New Brunswick is located not far from the Atlantic Coast in Canada's East and does not quite relate to the expectations raised with the names mentioned. Two dozen rather quaint buildings—that's all. One mile further northwest the glance slides down a meadow to Lake Otnabog, near the St. John river. The house sits on a mellow northern slope with a spectacular view over the lake: a simple wooden building, reminding you of the locally familiar barns, with a gable and sheet metal roof like all houses here, surrounded by a covered porch like most houses here that runs all around the house, like at no other house here. The house needed to be slightly floor-mounted to let the water run through underneath after the snowmelt in the spring. The symmetrical building, allowing an open view through the middle, is fully glazed on both sides, with bays at full room height. A simple visible staircase runs inside up to the first floor. An incision has been made to integrate a snug Loggia. On both sides of the "Hall" are slightly more closed rooms, on the right hand side the kitchen, dining room and wet room, on the left hand side the living room, up the stairs three bedrooms and a bathroom. A more unpretentious disposition can hardly be imagined, its logic is easily read from the outside.

Die Häuser der Umgebung sind häufig mit Plastik verkleidet, selbst das Regenrohr ist aus Kunststoff / The houses in the area are often clad with plastic, even the rain pipe is made of plastic

Typisches Haus der Umgebung / Typical house in the neighbourhoud

Der Stadtort / The location

Und darüber hinaus eine architekturtheoretische Fingerübung mit einem augenzwinkernden Seitenblick auf Palladio, Durand, Venturi und Co.

Queenstown in New Brunswick, im Osten Kanadas unweit der Atlantikküste gelegen, entspricht nicht gerade den durch den Namen geweckten Erwartungen. Zwei Dutzend bescheidene Gebäude – dann ist man durch. Eine Meile weiter nordwestlich fällt der Blick über eine Wiese hinab zum „Otnabog Lake" nahe dem Saint John River. Dort steht das einsame Haus an einem sanften Nordhang mit großartigem Seeblick: ein schlichter Holzbau, der an die hier üblichen Scheunen erinnert, mit blechgedecktem Satteldach wie alle Häuser hier, mit überdachter Veranda wie fast alle hier, die rings ums Haus läuft – wie bei keinem hier. Das Haus ist etwas aufgeständert, damit Schmelzwasser leichter abfließt. Ein symmetrischer Bau, den der Blick durch die mittleren, beiderseits raumhoch verglasten Joche ungehindert durchdringt – im Inneren sieht man eine einläufige Treppe nach oben streben. Eine Loggia ist hier geschützt eingeschnitten. Beiderseits der „Halle" geschlossenere Räume, rechts die Küche, Esszimmer und Nasszelle, links der Wohnraum, treppauf drei Schlafzimmer und das Bad. Eine einfachere Disposition ist kaum denkbar, die Logik ist von außen ablesbar.

The Berlin Architects Modersohn & Freiesleben designed the whole house symmetrically, however the respective use goes naturally with the floor-plan and without constraints. This is due to subtle discrepancies here and there: a glass door out of place and where not necessarily needed, a wall out of centre and a higher gable window in the "Master Bedroom" do not follow the strict order. They are tolerated with certain nonchalance, contrary to a position that Oswald Mathias Ungers would have maintained. He would have sacrificed utilitas for his belief of theoretical purity. Nevertheless: both symmetry and order are impressive and dominate the atmosphere of the house as an artefact within an ever omni-present nature.

Canadian standard size profiles and wood were used. Some of the detailed work was left to the experienced constructor. Only for the room-high front glass doors there was no compatible solution to be found locally. They had to be fabricated in Germany, shipped to the building site in a container and were initially built-in the wrong way round, with the interior facing the exterior side.

According to the simple character of the house, the interior decoration is kept in a low-key, simple, almost ascetic way. The house provides everything the owners who live in the buzzing town of London have been looking for in abundance: solitude and contemplation, tranquillity and a one hundred per cent relation with nature.

Die Berliner Architekt*innen Modersohn & Freiesleben haben alles symmetrisch angelegt, doch die verschiedenen Nutzungen fügen sich wie selbstverständlich in den Grundriss, ohne Zwänge, auch dank vereinzelter subtiler Abweichungen: eine Glastür außer der Reihe dort, wo sie gebraucht wird, eine Wand, die außer der Mitte steht und ein höheres Fenster im Giebel für das „Master bedroom" wollen der strengen Ordnung nicht gehorchen und werden mit Nonchalance geduldet – im Unterschied zu einer Haltung, wie sie Oswald Mathias Ungers vertreten hätte, der hier die Utilitas seiner reinen Lehre geopfert hätte. Dennoch: Ebenmaß und Ordnung sind beeindruckend und prägen die Stimmung des Hauses als Artefakt inmitten einer omnipräsenten Natur.

Es hat durchaus Mühe gemacht, von Berlin aus den örtlichen Holzbaumeister zu dirigieren. Das metrische Maßsystem musste in Inch und Zoll umgerechnet und angepasst werden. Profile und Hölzer mit den kanadischen Standardmaßen waren zu verwenden. Die Detaillierung an manchen Stellen musste dem routinierten Baumeister überlassen werden. Nur für die raumhohen Glastürfronten konnte er keine für deutsche Vorstellungen adäquate Lösung anbieten. Sie wurden in Deutschland produziert und kamen per Container auf die Baustelle, wo sie zunächst Innenseite nach außen falsch herum eingebaut wurden ...

Seinem Charakter gemäß einfach, fast asketisch eingerichtet, bietet das Haus im Überfluss, was die im hektischen London lebenden Bauherr*innen suchen: Abgeschiedenheit und Kontemplation, Gelassenheit und hundert Prozent Naturbezug. **Falk Jaeger**

Handyfoto als Gruß vom Bauherrn / Photo sent by the owner

Haus am Scharmützelsee / House at Scharmützelsee

Ein Haus am See oder zumindest ganz nah dran, von Berlin aus gut erreichbar – das ist fast wie das Ideal von Tucholsky. Nur wenige Häuser trennen das Grundstück vom begehrten Wasser, ein Traum für einen Bootsbauer, er soll in Erfüllung gehen.

A house by the lake or at least very close to it, and easily accessible from Berlin—almost like the writer Kurt Tucholsky's ideal. Only a few houses separate the property from the coveted water, a dream for a boat builder which one day must come true.

Bad Saarow Strand, Brandenburg
2015–2017
131 qm Wohnfläche / sqm living area

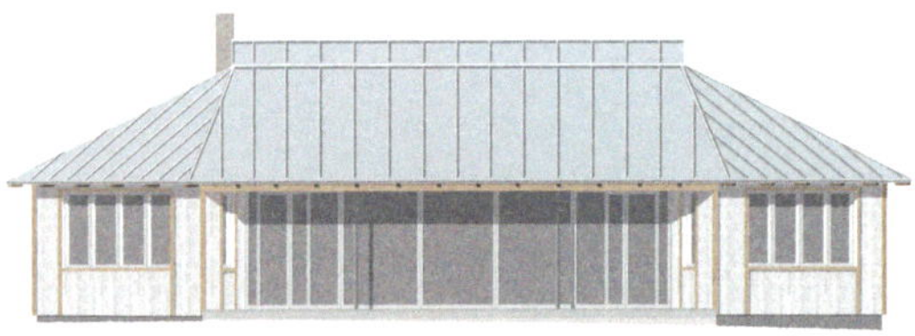

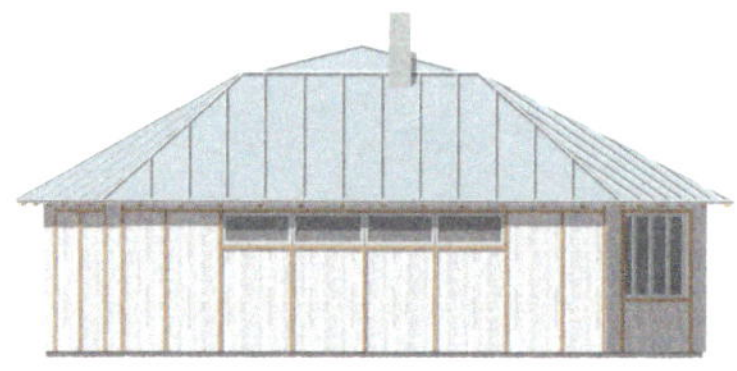

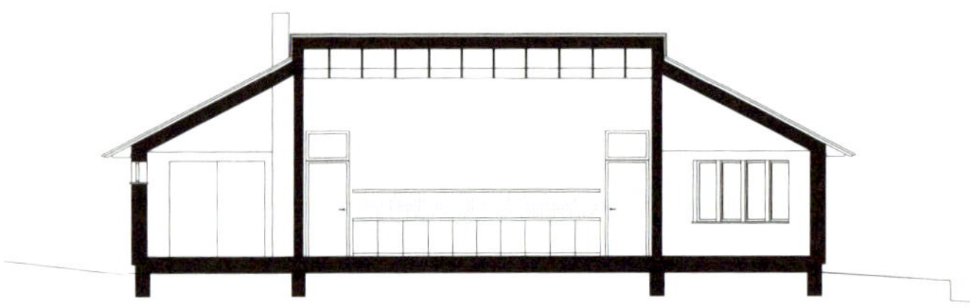

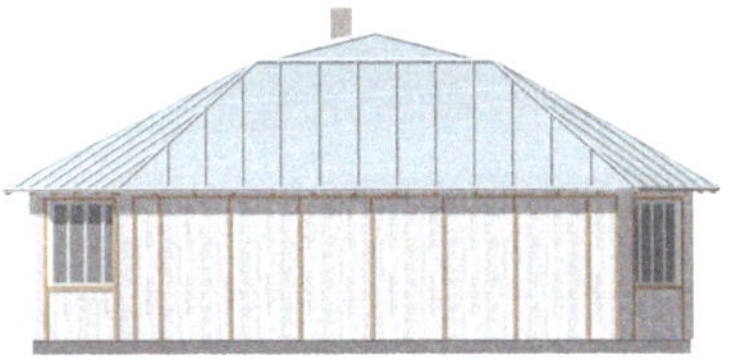

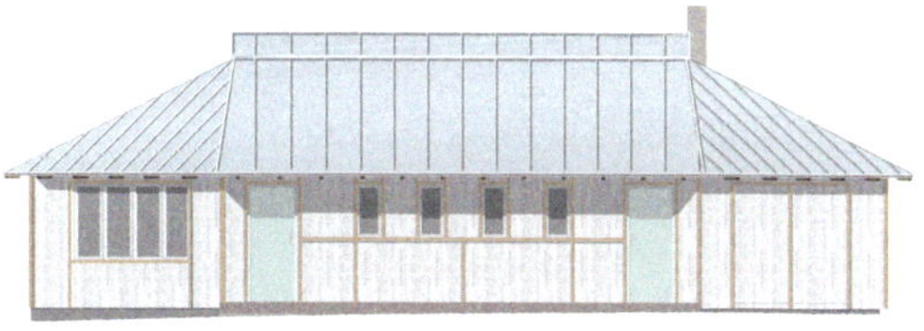

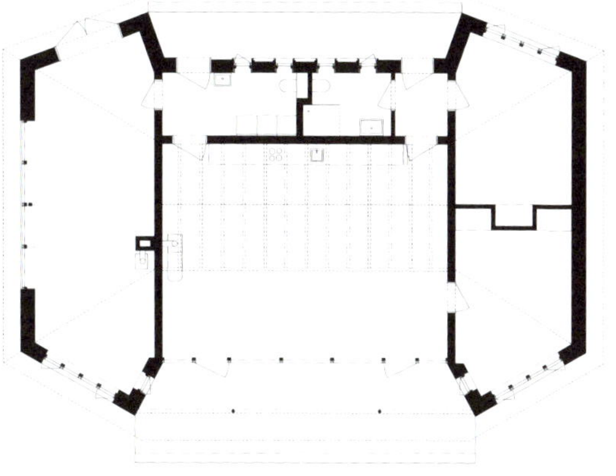

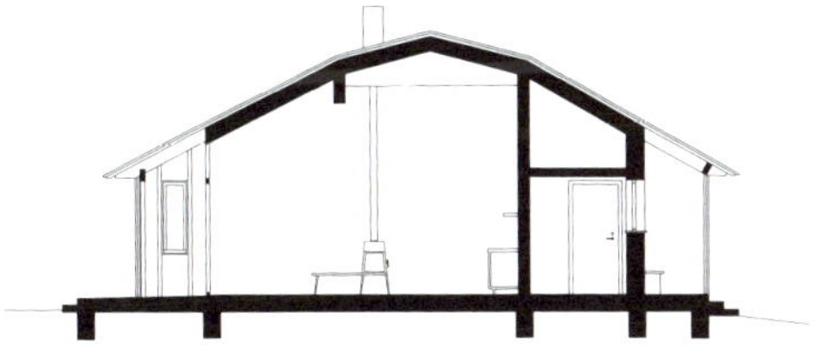

The owners are sociable people, the kids already away from home. Their experiment: will they enjoy life in the country more than just on weekends? The programme for our friends is almost symbolic: one main room to live in (as big as their hearts), two bedrooms, a carpentry workshop, a bathroom and closet, nothing more.

The house stands among tall pines, the neighbours almost hidden yet close. Though they speak different languages, they understand each other. Here there are single-storey houses with flat sloping roofs. The roof next door is red and solid, as it should be; the new one is silver, light, made of metal. Tucked and folded, its joints look as if they've been combed. They protect the wooden walls and guard the lives of the inhabitants.

The walls too are silver, glazed panels of maritime pine joined like tatami mats, the windows integrated into the whole: everything fits.

The walls stand on a concrete base, which lifts the house slightly out of the terrain as it slopes down to the lake. At first glance, the two identical doors in the recessed veranda may seem a bit confusing—but as soon as the owner of the house opens one of them you notice that, no matter which one you take, you are welcome.

Die Bauherr*innen sind gesellige Menschen, die Kinder aus dem Haus. Es ist ihr Experiment: Ob sie das Leben auf dem Land mehr als am Wochenende genießen werden? Das Programm für die Freunde ist fast symbolisch: ein Raum zum Leben, so groß wie ihr Herz, zwei Schlafräume, Tischlerwerkstatt, Bad und Kammer, mehr nicht.

Jean Prouvé, Vorgefertigtes Schulgebäude / Prefabricated school building 1949

Zwischen hohen Kiefern steht das Haus, der Nachbar fast versteckt und dennoch nah. Man versteht sich und spricht doch andere Sprachen. Es sind eingeschossige Häuser hier, mit flachgeneigten Dächern. Das Dach nebenan ist rot und massiv, wie es sich gehört, und das neue ist – silbern, leicht, aus Metall. Geknickt und gefaltet, wie gekämmt wirken seine Stöße (Falze). Es schützt die hölzernen Wände und behütet das Leben der Bewohner*innen.

Auch die Wände sind silbern, lasiert, Tafeln aus Seekiefer wie Tatamimatten gefügt, die Fenster in die Abwicklung integriert, das passt.

Die Wände stehen auf einem Betonsockel, der das Haus leicht aus dem zum See abschüssigen Gelände heraushebt. Zwei identische Türen in der zurückspringenden Veranda irritieren – aber schon öffnet der Hausherr eine von ihnen, und man merkt: egal welche man nimmt, man ist willkommen.

The entrance acts as a sluice, there's a cloakroom, a chair and place to wash your hands, and then comes the surprise, the unexpected: a large, high-ceilinged room. Where does so much space in this seemingly modest house come from? The roof is open up to the ridge, its construction visible. A glulam purlin spans the entire width, there is no support to block its flexibility. Bulkheads made of Kerto veneer panels have replaced the rafters, which would have become too long here—like a tipped over hull perhaps? You can, however, see the rafters outside, on the terrace, from the loggia. Here the eaves purlin is supported by two slender steel pillars. Nothing obstructs the view of the ever-changing garden.

The house quickly fills with life, with beautiful things, smells, sounds, memories, the garden blossoms, friends visit. By now it is much more than simply weekends that the builders spend here.

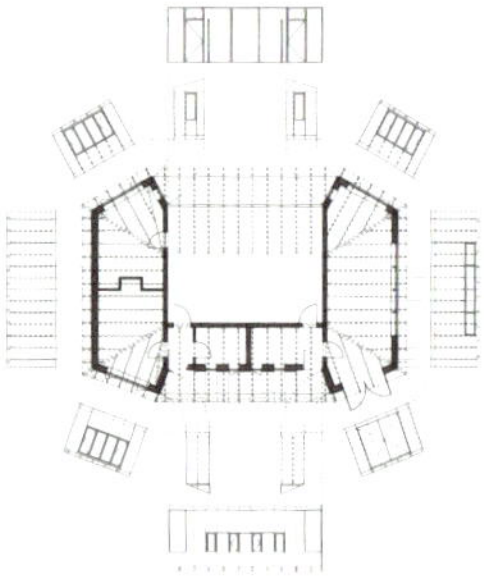

Materialprobe / Material

Der Eingang fungiert wie eine Schleuse, Garderobe, Stuhl und Platz zum Händewaschen, und dann kommt die Überraschung, das Unerwartete: ein großer hoher Raum, woher kommt so viel Platz in diesem bescheiden auftretenden Haus? Das Dach ist bis zum First offen, seine Konstruktion sichtbar. Eine Brettschichtholzpfette überspannt die ganze Breite, keine Stütze versperrt die Flexibilität. Schotten aus Kerto-Furnierschichtholz-Platten ersetzen die Sparren, die hier zu lang geworden wären – wie ein umgestürzter Bootsrumpf vielleicht? Man sieht die Sparren im Außenraum, auf der Terrasse, der Loggia. Hier wird die große Fuß-Pfette getragen von zwei schlanken Stahlstützen. Nichts behindert den Blick auf den sich stetig wandelnden Garten.

Schnell füllt sich das Haus mit Leben, mit schönen Dingen, Gerüchen, Geräuschen, Erinnerungen, der Garten blüht, die Freunde kommen. Und es ist bei weitem mehr Zeit als die Wochenenden, die die Bauherr*innen hier verbringen.

Haus in Melzow / House in Melzow

Es soll ein richtiges Haus werden in Melzow in der Uckermark, gelegen zwischen dem weiten Oberuckersee und der Autobahn, 60 km von Stettin entfernt und 100 km von Berlin-Mitte. Da das Budget begrenzt ist, denken die Bauherr*innen zuerst an ein Fertighaus.

It should be a real house in Melzow in the Uckermark, located between the wide Oberuckersee and the highway, 60 km from Szczecin and 100 km from Berlin-Mitte. Because the budget is limited, the owners initially consider a prefabricated house.

Melzow, Brandenburg
2015–2016
92 qm Wohnfläche / sqm living area

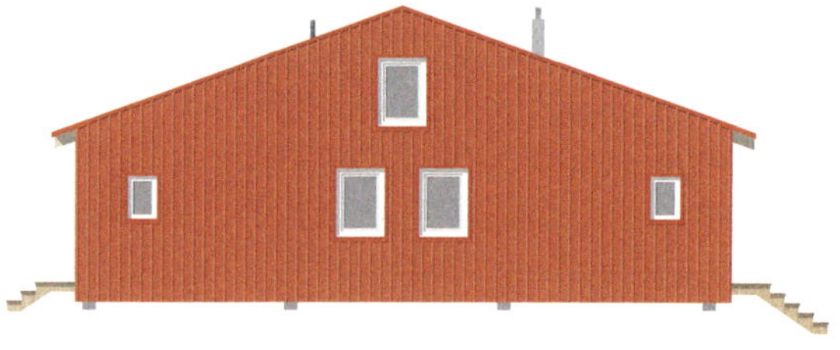

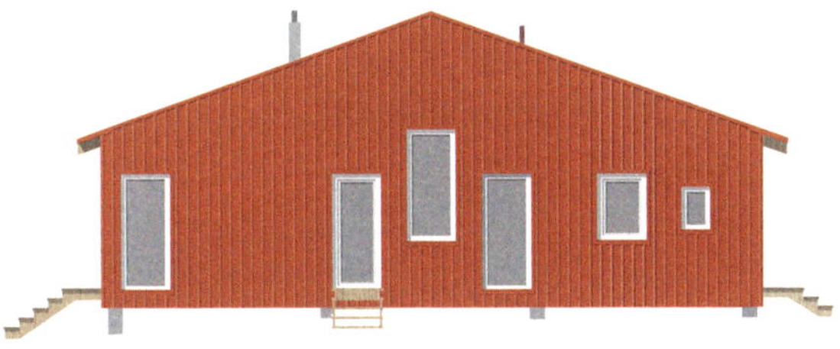

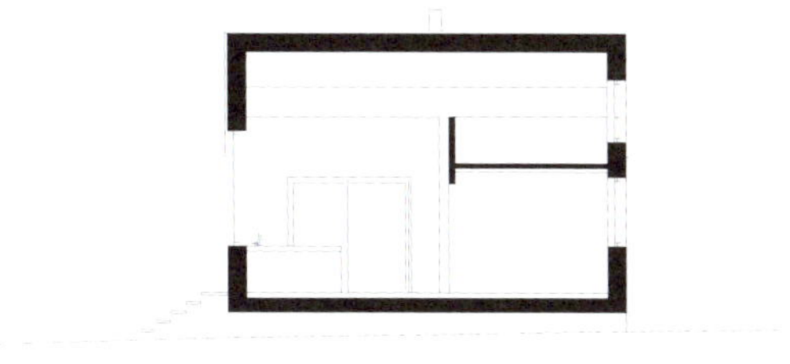

Through mutual friends, however, they come into contact with Antje Freiesleben of Modersohn & Freiesleben Architekten, and the result of the discussions is to concentrate on the essentials and omissions in key places in order to achieve architectural added value for the same price.

Im Ort / In the village

The spatial programme of the prefabricated house is maintained, as appropriate and in compliance with the requirements. However, the implementation—straightforward and somewhat more unconventional than the conventions for prefabricated house construction suggest—already delivers a bit more extra space for every room in the house.

In fact, the living room with the kitchen—which occupies half of the house—is in its centre, at the ridge, almost five metres high and the ceiling only declines to the usual 2.60 metres at the lowest point. That's more than a small difference. It is an everyday celebration of space and an act of resistance against shrinking living conditions.

The bedrooms receive their own sloping roof, almost like a sky, and above the bathrooms there is a work gallery with a wide view of the landscape, which was not planned in any spatial programme—a gift of geometry.

Über gemeinsame Freunde kommt dann aber der Kontakt mit Antje Freiesleben von Modersohn & Freiesleben Architekten zustande und das Ergebnis der Gespräche ist der Gedanke, durch Konzentration auf das Wesentliche und Auslassen an entscheidender Stelle einen architektonischen Mehrwert zum gleichen Preis zu erhalten.

Atkinson, Zachary House

Das Raumprogramm des Fertighauses wird, da zweckmäßig und den Anforderungen entsprechend, beibehalten. Die Umsetzung aber, schnörkellos und etwas unkonventioneller als es die Konventionen für den Fertighausbau nahelegen, liefert bereits für jeden Raum im Haus ein entscheidendes bisschen Extrafläche.

Und mit der Fläche ist es noch nicht getan: der Wohnraum mit der Küche, der die Hälfte des Hauses einnimmt, ist in seiner Mitte, am First, fast fünf Meter hoch und die Decke senkt sich erst an der tiefsten Stelle auf die üblichen 2,60 m. Das ist dann schon mehr als ein kleiner Unterschied. Es ist ein alltägliches Fest des Raumes und ein Akt des Widerstandes gegen die Verzwergung der Lebensverhältnisse.

Die Schlafräume erhalten ein eigenes, geneigtes Dach, fast wie einen Himmel, und über den Bädern befindet sich noch eine Arbeitsempore mit weitem Blick in die Landschaft, die in keinem Raumprogramm vorgesehen war, ein Geschenk der Geometrie.

So much happening in a modest space and with limited resources has a price and a condition. The clients have to do without the usual lining of the interior walls, and the wooden panels of the wall and ceiling construction have remained visible. The usual smooth white of the smoothed plasterboard walls have to be eliminated.

Yet even the ostensible cost-cutting measures prove to be useful; the modern wooden construction itself becomes an event and a place of residence. Appearance and reality of the house align.

However, in order to statically enable and architecturally articulate the high pillar-free living space, a central luxury is still necessary: two central exposed concrete pillars support the purlins that support the roof. These pillars form the centre of the house and connect the construction in a very real way with the four reinforced concrete foundation beams, which hold the wooden structure above the ground of the Uckermark.

The two pillars accentuate the dualism of mass construction and skeleton construction, with all modern ambiguity, and locate the house in the history of architecture. They refer to Kazuo Shinohara and Gottfried Semper and give the everyday use the necessary weight.

Soviel Ereignis auf bescheidenem Raum und mit begrenzten Mitteln hat einen Preis und eine Bedingung. Die Bauherren müssen auf die sonst übliche Verkleidung der Innenwände verzichten und die Holztafeln der Wand- und Deckenkonstruktion sind sichtbar geblieben. Das übliche glatte Weiß der gespachtelten Gipskartonwände muss entfallen.

Aber auch die vermeintliche Sparmaßnahme erweist sich als Gewinn, die moderne Holzkonstruktion selber wird zum Ereignis und zum Wohnort. Schein und Sein des Hauses kommen zur Deckung.

Um den großen, hohen, stützenfreien Wohnraum statisch zu ermöglichen und architektonisch zu artikulieren ist aber noch ein zentraler Luxus notwendig: zwei zentrale Sichtbetonpfeiler tragen die Pfetten, die das Dach tragen. Diese Pfeiler bilden das Zentrum des Hauses und verbinden die Konstruktion ganz real mit den vier Fundamentbalken aus Stahlbeton, die die Holzkonstruktion über dem Boden der Uckermark halten.

Die zwei Pfeiler akzentuieren den Dualismus von Massenbau und Gliederbau bei aller modernen Ambiguität und verorten das Haus in der Architekturgeschichte. Sie verweisen auf Kazuo Shinohara und Gottfried Semper und verleihen dem alltäglichen Gebrauch das notwendige Gewicht.

Nachbarbebauung rechts und links / Neighboring buildings on the right and left

The small holiday home in the Uckermark is clad with red sheet metal. The walls and the roof are clad with red sheet metal. There is a fashion in the architecture of recent years that fuses the roof with the wall to make the house appear to be an autonomous object. That is not the point here. There is a roof overhang and visible rafters, the wall is not the roof and the house is a house—almost conventional and quite contemporary.

Sheet metal is a cheap material. It integrates the house into the rural context without being "endearing". A feather-light walk over the balance beam.

Das kleine Ferienhaus in der Uckermark ist von außen mit rotem Blech verkleidet, die Wände ebenso wie das Dach. Es gibt in der Architektur der letzten Jahre eine Mode, die das Dach mit der Wand verschmilzt, um das Haus als autonomes Objekt erscheinen zu lassen. Darum geht es hier nicht. Es gibt einen Dachüberstand und sichtbare Sparren, die Wand ist nicht das Dach und das Haus ist ein Haus, fast konventionell und ganz zeitgenössisch.

Das Blech ist ein günstiges Material. Es integriert das Haus in den ländlichen Kontext, ohne sich anzubiedern. Ein federleichter Gang über den Schwebebalken. **Tobias Zepter**

Vier Wohnhäuser in Schmargendorf / Four Apartment Buildings in Schmargendorf

„Wohnen heißt bleiben", sagt der Philosoph. Menschen bauen sich Behausungen, um sich „niederzulassen", um zu bleiben, sich in ihrem Lebensraum einzurichten – ein Urinstinkt. So entstehen individuelle Lebenswelten – und Heimat, ein Begriff scheinbar aus früheren Zeiten.

"To dwell means to stay," the philosopher says. Human beings construct dwellings for themselves, to "settle down" and settle in to their living space, to stay—a primitive instinct. This is how individual worlds develop—and a sense of one's home, a term which apparently comes from earlier times.

Helene-Jacobs-Straße, Berlin-Schmargendorf
2017–2020
16.565 qm Wohnfläche / sqm living area
233 Wohnungen / flats

C3

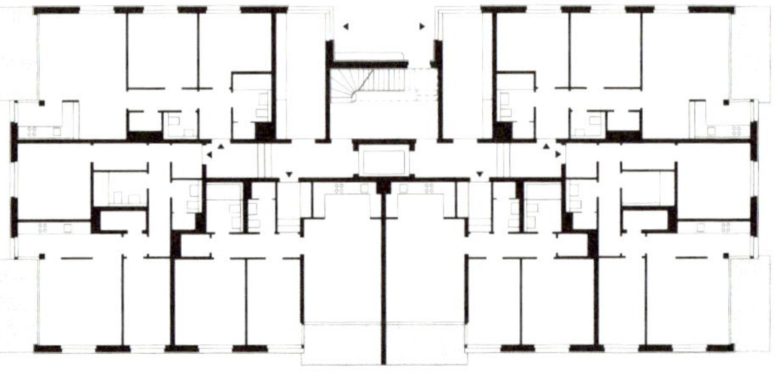

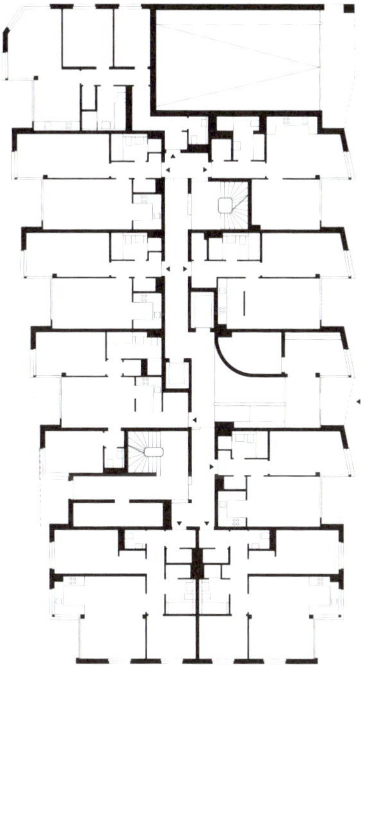

C4

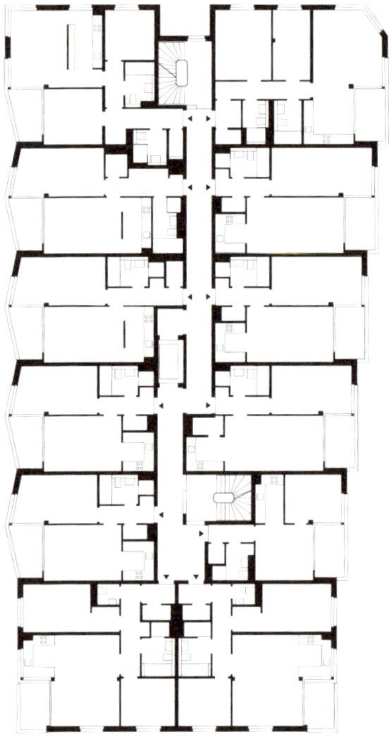

D1

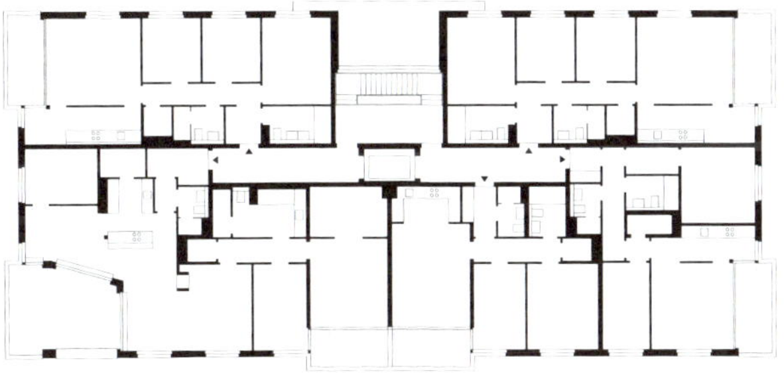

D2

Situation Süd-West-Ecke vor der Bebauung / Situation south-west corner before construction started

Heute ist es nur noch begüterten Menschen gegeben, sich ihre Lebenswelt nach eigenen Vorstellungen zu gestalten. In Zeiten des Massenwohnungsbaus errichten nicht mehr Menschen ihre Häuser, sondern es wird Wohnraum „produziert". Ein unsentimentaler, technischer Vorgang, der von Produktionsbedingungen beherrscht wird, von Zeit- und Kostendruck, die zu Rationalisierung und ökonomischen Bauweisen führen. Individuelles Wohlergehen, Irrationalität, Schönheit, Behaglichkeit, kurzum das Lebensglück der Bewohner, hat in diesem totalitären System des Renditedenkens keinen Platz.

Die Ergebnisse stehen vor Augen, die Defizite sind spätestens mit den Großsiedlungen der sechziger Jahre virulent: Architektur, die sich den Menschen entfremdet hat, wo niemand bleiben möchte. Die überall auf der Welt gleich aussieht. Manche sagen, sie entspräche perfekt der mobilen, globalisierten Gesellschaft unserer Zeit.

Doch die Mutation des Menschen zum digitalisierten, mobilen, globalisierten Wesen wird wohl noch geraume Zeit in Anspruch nehmen. Vorerst fühlt er sich eher entwurzelt. Vorerst bleibt das Recht auf Heimat, das der anonyme Wohnungsbau mit Füßen tritt, als unantastbares Menschenrecht.

Was haben diese Überlegungen mit der Wohnanlage Maximiliansquartier zu tun? Seit der Zeit der Postmoderne waren es

Today, only the wealthy can shape their living environment as they desire. In times of mass housing construction, people no longer build their homes; on the contrary, living space is "produced". An unsentimental, technical process dominated by production conditions, by pressures of time and cost which lead to rationalized and economical construction methods. Individual well-being, irrationality, beauty, comfort—in short, the inhabitants' happiness—has no place in this totalitarian system that thinks only in terms of profits.

The results are right before our eyes. At the latest, these deficiencies turned virulent in the large housing estates of the 1960s: a style of architecture which has alienated people, and where nobody wants to stay. Which looks the same all over the world. Of course, there are those who say that it is perfectly suited to the mobile, globalized society of our age. But the mutation of the human being into a digitalized, mobile, globalized being will probably still take some time. For the moment, the human being feels rather uprooted. For the moment, the right to a place one calls home—which anonymous housing construction is doing everything to trample underfoot—remains an inviolable human right.

But what do these considerations have to do with the Maximilians-Quartier residential complex? Since the advent of postmodernism, in fact, architects have always been the ones

eigentlich immer die Architekt*innen, die versuchten, die Defizite der technisierten, sprachlosen Moderne durch Narrative und Variationen abzumildern. Es ist ein zähes Ringen mit den normierenden Kräften, die den Wohnungsbau fest im Griff zu haben scheinen.

Auch das Maximiliansquartier unterliegt diesen fast ausschließlich ökonomisch bedingten Zwängen. Höchstmögliche Dichte ist gefordert, Rationalisierung in Planung und Bauweisen, serielle, problemlos zu vermarktende und zu verwaltende Wohnungen mit Normgrundrissen. Scheinbar zwangsläufig daraus resultierende Quartiere mit stereotypen Wohnblocks sind heute Standard.

Die vier von Modersohn & Freiesleben entworfenen Häuser sind geprägt von dem Versuch, sich dem durch den Masterplan vorgegebenen Schematismus zu entwinden und funktionalen und ästhetischen Mehrwert für die Bewohner*innen zu gewinnen.

Das beginnt mit der Grundrissentwicklung, mit dem Erschließungssystem der Geschosse. Die Mittelflure der Wohnblocks C3 und D2 sind keine langen Schläuche mit aufgereihten Wohnungstüren, sondern durch den zwischengeschalteten Aufzug in zwei kleinere Abschnitte geteilt. Bei den bis zu 26 Meter tiefen Blocks C4 und D1 ist die Korridorlänge durch Versprünge reduziert. Hinzu kommt der Kniff, durch die leichte Trapezform der Nord-Süd-gerichteten Baukörper C4 und D1 die Ausrichtung zur Sonne zu

trying to mitigate the shortcomings of mechanized, speechless modernism by means of narratives and variation. It is a tough battle with the normative forces that seem to have a firm grip on housing construction.

The Maximilians-Quartier, of course, is also subject to these almost exclusively economic constraints. The highest possible density is required, economization in planning and construction methods, serial apartments with standard floor plans which are easy to market and manage. And the seemingly inevitable result? Today, quarters with stereotypical apartment blocks have become the standard.

The four buildings designed by Modersohn & Freiesleben, however, are characterized by the attempt to escape the schematism dictated by the master plan and to gain added functional and aesthetic value for the residents.

This begins with the development of the floor plan, with the access to the storeys. The central corridors of apartment blocks C3 and D2 are not long tubes with a seemingly endless line of doors but have been divided into two smaller sections by the intermediate elevator. In blocks C4 and D1, which are up to 26 metres deep, the length of the corridors has been reduced by offsets. Moreover, the light trapezoidal shape of north-south-facing blocks C4 and D1 improves their alignment to the sun. In the east-west-facing blocks

verbessern. Bei den ost-west-gerichteten Blocks gibt es nur jeweils zwei nach Norden orientierte Wohnungen pro Geschoss, die dennoch durch ein Eckzimmer mit Balkon nach Osten bzw. Westen vom Sonnenlauf profitieren.

Den in der Tradition der Moderne streng kubisch geformten Wohnblocks in der Nachbarschaft stellten die Architekten differenziertere Baukörper entgegen. Giebelzitate machen das Gebäude zum „Haus“, die Kontur der Trauflinie gerät aus der Waage und hier und da ist auch eine Gebäudeecke auf Wunsch des Wohnungseigners als Dachpergola ausgebildet.

Auch im Detail wird dem Auge Mehrwert geboten, profitieren die Nutzer z. B. in den Vestibülen durch schöne Materialien, Wandgestaltungen und Angebote wie Sitzbänke. Die Haustüren sind nicht aus dem Katalog, sondern individuell gestaltet, und Tür- und Fenstergewände sind durch Keramikriemchen akzentuiert.

So wird in den Häusern allenthalben der Versuch spürbar, trotz des engen Kostenrahmens den Nutzer*innen Zuwendung zu geben und das Gefühl, in einem Ambiente zu leben, das mehr bietet als Unterbringung in normierter Wohnflächenversorgung. **Falk Jaeger**

there are only two north-facing apartments per floor, which nevertheless benefit from the sun's rays through a corner room with a balcony that faces east or west.

Contrasting the neighbouring blocks of strictly cubic flats in the modernist tradition. the architects designed more differentiated structures. Gable quotations transform the building into a "house", the contour of the roof line is slightly off kilter, and here and there a corner has been made into a roof pergola in accordance with the apartment owner's wishes.

The eye is also offered added value in the details, the users benefit e. g. in the vestibules thanks to their beautiful materials, wall designs, and offers such as benches. The front doors do not come from a catalogue but have been individually designed, and door and window jambs are accentuated by ceramic bricks.

Thus, despite the tight budget, everywhere you can feel that there was a real attempt to give devotion to the users and that one is living in an environment which offers more than just accommodation in standardized living space.

Gästehaus mit Atelier, Simrishamn / Guesthouse with Studio, Simrishamn

Wir sind eine deutsch-schwedische Familie in Berlin – Künstlerin, Künstler und Sohn Edvin, 16 Jahre alt. Seit 2007 sind wir auch auf dem Land im südlichsten Schweden zu Hause und dort entsteht gerade ein neues Atelier- und Gästehaus.

We are a German-Swedish family in Berlin—two artists and our sixteen year-old son, Edvin. Since 2007 we also have a home in the country, at the southernmost tip of Sweden, and it is there that we are currently having a new studio and guesthouse built.

Simrishamn, Schweden
2017–2020
81 qm Wohnfläche / sqm living area

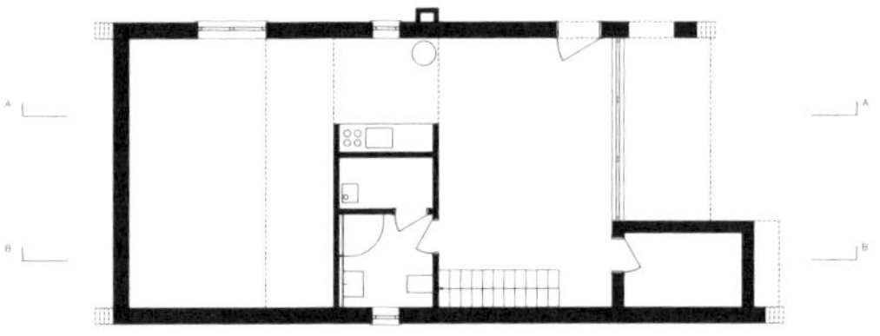

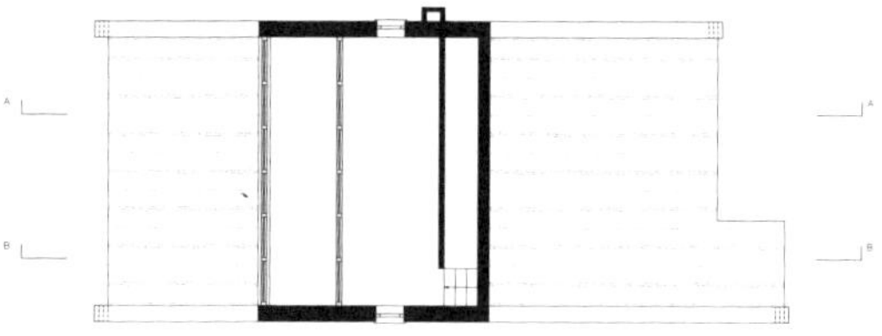

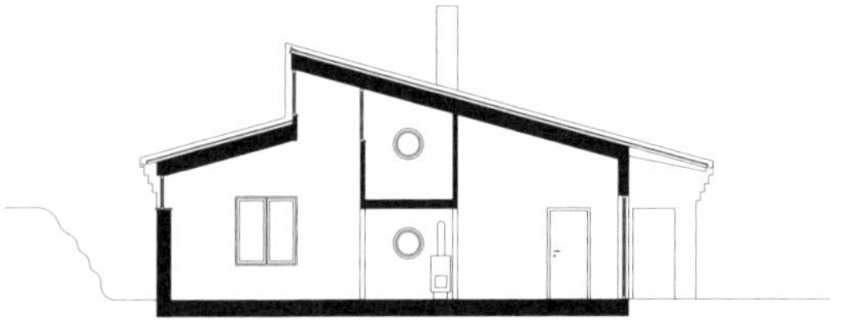

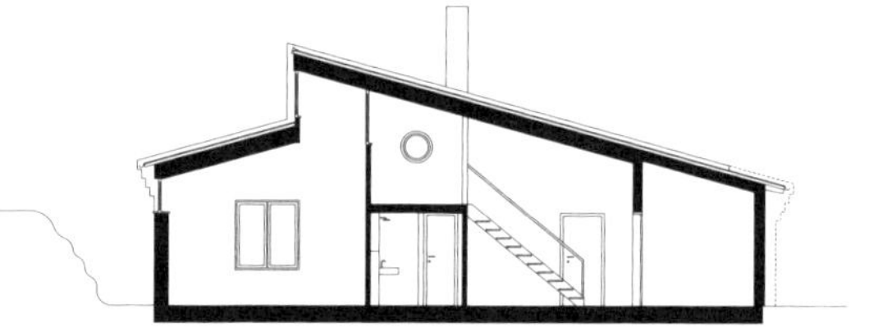

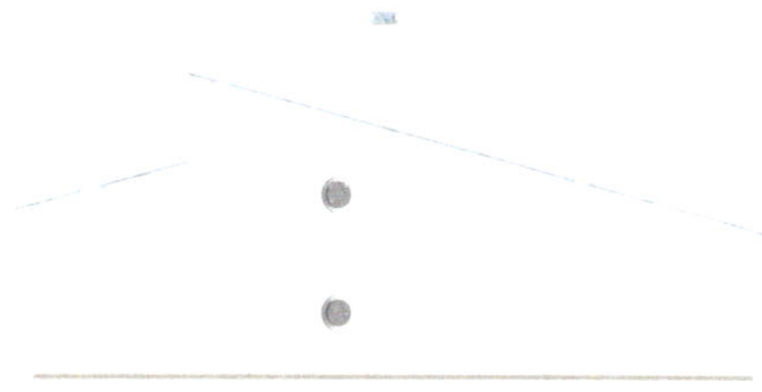

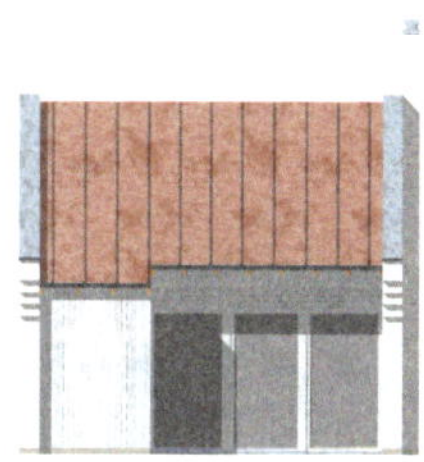

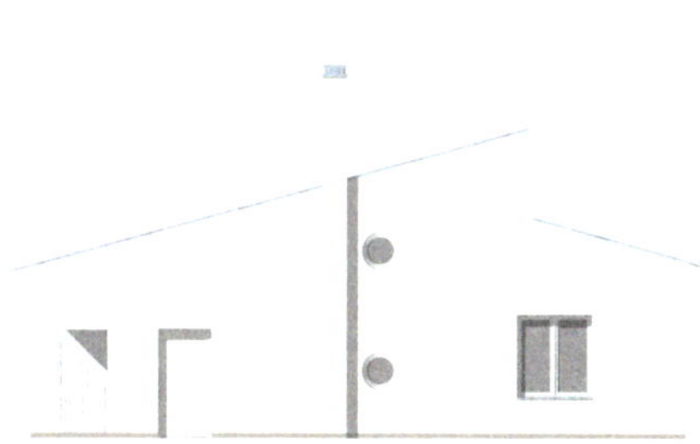

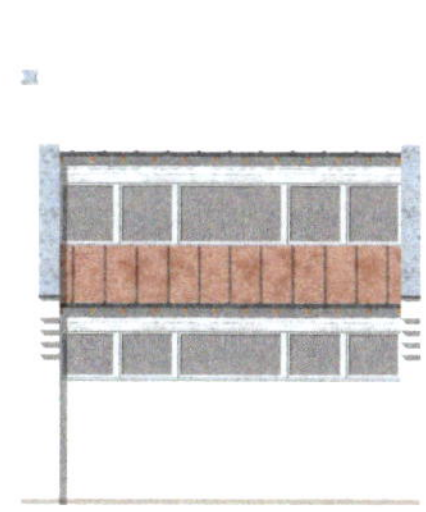

The whole story began in summer 2006, when we visited friends in the countryside in Österlen, near Simrishamn. We immediately fell in love with the area. "We also have a horse paddock (**1**), maybe you'd be interested in buying that." The offer seemed to be right on cue.

First, in 2007–2008, we had a house and a studio built (**2**), designed by the Swedish architect Eric Sörling, whom Jan had known for many years. A second studio will be completed in 2020. The design is by Antje Freiesleben, an old school friend of Katrin's, and Johannes Modersohn. The idea for it came about during one of Antje's visits in the summer of 2012, as a birthday gift for Katrin (**3**). The entire building will be constructed almost exclusively by a single person, the jack-of-all-trades Lars Persson.

1

3

At the time of this writing we should already be in our new home, the floor painted white, in the bathroom a mosaic, and Jan had intended to construct desks, shelves, and beds. Unfortunately, the coronavirus intervened. The last time we were able to visit the nearly completed site was at the beginning of January.

Throughout the first few years on our meadow we attempted to give the place a name, but to no avail, even up till now. And yet, even when a house is nameless, it retains a history—a history of origins, a life story. Such a story can only be written in a partially

Die Geschichte begann im Sommer 2006, als wir Freunde auf dem Land in Österlen, nahe Simrishamn, besuchten. Wir verliebten uns sofort in die Gegend. „Uns gehört noch eine Pferdekoppel (1), vielleicht habt ihr Lust sie zu kaufen", das Angebot kam wie gerufen.

Zunächst entstanden 2007–2008 ein Wohnhaus und ein Atelier (2), entworfen von dem schwedischen Architekten Eric Sörling, den Jan seit vielen Jahren kannte. Ein zweites Atelier wird 2020 fertig. Der Entwurf stammt von Antje Freiesleben, Schulfreundin von Katrin, und Johannes Modersohn. Die Idee dafür entwickelte sich bei einem Besuch Antjes im Sommer 2012, als Geburtstagsgeschenk für Katrin (3). Der gesamte Bau wird fast ausschließlich von einer einzelnen Person, dem Alleskönner Lars Persson, umgesetzt.

2

Beim Schreiben dieses Beitrags sollte das neue Gebäude eigentlich bezogen, der Fußboden von uns weiß gestrichen, im Badezimmer ein Mosaik gestaltet sein und Jan wollte Arbeitstische, Regale, Betten zimmern. Leider kam uns Corona dazwischen. Zum letzten Mal konnten wir die weit fortgeschrittene Baustelle Anfang Januar besuchen.

Während der ersten Jahre auf unserer Wiese haben wir versucht, dem Ort einen persönlichen Namen zu geben, doch das hat bis heute nicht geklappt. Auch wenn ein Haus namenlos bleibt, besitzt es trotzdem eine Geschichte – eine

precise way. For it is diverse and constantly changing, made up of all the different descriptions of its inhabitants, visitors, and observers.

As a basis for the design we presented our needs to the two architects and the scenarios we had imagined for the building's use. At the same time, there were aesthetic issues to consider. The first two houses consist of wedge-shaped structures, rather untypical for the area, with studio windows facing north, which remind us of Le Corbusier. The long walls end to the south in staggered corbels, whose shape Sörling playfully took from the region's characteristic old churches (**4**). Although our meadow is quite long and the first two houses are at its northern end, the distance to the new house was not allowed to be more than 31 metres—otherwise the property would have had to be divided in two. In between, there is a small moraine. It became necessary to embed the building into the hill on its northern side. In order to stabilize the earth wall, Lars and a friend decided to form magnificent walls out of the Ice Age boulders (**5**) that turned up during the course of the dig.

During Antje's later visits, we collected and explored questions about the new building-to-be. The exact placement? The necessary height for a room on the first floor without giving the neighbours reason to object? And as to functionality—the

4

Kirche / Church in Järrestad

5

Turm / Tower in Östra Tommarp

Entstehungsgeschichte, eine Lebensgeschichte. So eine Geschichte kann nur zum Teil stringent geschrieben werden. Ansonsten ist sie vielfältig und in ständigem Wandel, setzt sich aus den unterschiedlichen Schilderungen der Bewohner*innen, Besucher*innen, Beobachter*innen zusammen.

Als Grundlage für den Entwurf haben wir den beiden Architekt*innen unsere Bedürfnisse dargestellt und Szenarien für die Nutzung imaginiert. Parallel dazu gab es auch ästhetische Aspekte. Die ersten beiden Häuser bestehen aus für die Gegend untypischen, keilförmigen Baukörpern mit Atelierfenstern gen Norden, die uns an Le Corbusier erinnern. Die langen Wände enden südlich in gestuften Dachkanten, die in ihrer Form von Sörling spielerisch den typischen alten Kirchen (**4**) der Region entliehen wurden. Obwohl unsere Wiese ziemlich lang ist und die ersten beiden Häuser am Nordende stehen, durfte der Abstand zu dem neuen Haus nicht mehr als 31 Meter betragen – ansonsten hätte das Grundstück zweigeteilt werden müssen. Dazwischen befindet sich ein Moränenhügel. Es wurde notwendig, das Gebäude an seiner Nordseite in den Hügel einzugraben. Zur Stabilisierung der Erdwand hat Lars mit einem Freund auf eigene Initiative prächtige Mauern aus den beim Graben aufgetauchten Eiszeitfindlingen (**5**) errichtet.

Bei späteren Besuchen Antjes wurden Fragen zum neuen Gebäude gesammelt und ergründet. Die genaue Platzierung?

relationship between living space and studio space. Light. Good walls for our work.

In the end, what was designed contrasts with the older buildings—nevertheless, it stands in harmony with them all the same. The staggered corbels have now been adopted on both sides of the building, and the studio windows have a more complex design (Antje pointed to Hannes Meyer (**6**) with a sparkle in her eyes.)

Oh, if only we could be there soon!

In our imagination one can see the artwork we've created in the north studio from the entrance as well as the gallery. Through the eastern windows we catch glimpses of wild-cherry trees; through the northern ones daisies shining from the meadow on the hill. On the southern terrace there are vines and apricots. From there we watch our neighbours' horses graze. In the sleeping space up on the gallery Edvin has created a world for himself and his friends.

Thus far, these scenarios remain pure fiction. We are still waiting to become familiar with the spaces in person. We know that we will discover and experience many new things. What an incredible privilege to move into a home designed especially for you.

6

Hannes Meyer, Bundesschule des Allgemeinen Deutschen Gewerkschaftsbundes, Bernau, 1928

Die notwendige Höhe für ein Zimmer im ersten Stock, ohne den Nachbarn Grund für Einspruch zu liefern? Zu den Funktionen – dem Verhältnis von Wohnen und Atelier. Licht. Gute Wände für die Arbeit.

Was am Ende entworfen wurde, steht im Kontrast zu den älteren Gebäuden – und schließt sich ihnen trotzdem an. Die gestuften Dachabschlüsse wurden übernommen, jetzt an beiden Seiten des Gebäudes. Die Atelierfenster sind komplexer gestaltet, wobei Antje mit einem Funkeln in den Augen auf Hannes Meyer (**6**) hinwies.

Ach, wenn wir doch bald da sein könnten!

In unserer Vorstellung können Bilder, die im nördlichen Atelierraum entstehen, aus der Entfernung vom Eingang und auch von der Galerie aus betrachtet werden. Durch die östlichen Fenster blicken wir auf wilde Kirschbäume, durch die nördlichen leuchten Margeriten von der Wildblumenwiese des Hügels hinein. Auf der südlichen Terrasse ranken Weinreben und Aprikosen. Von hier aus beobachten wir die grasenden Pferde der Nachbarn. Im Schlafraum auf der Galerie schafft sich Edvin eine Welt für sich und seine Freunde.

Diese Szenarien sind bis jetzt Fiktion. Wir warten noch auf das reale Kennenlernen der Räume. Wir wissen, dass wir viel Neues entdecken und erleben werden. Es ist so ein wunderbares Privileg, ein Haus – speziell für dich entworfen – in Besitz zu nehmen. **Katrin von Maltzahn, Jan Svenungsson**

Zu den Autor*innen / About the Authors

Tobias Zepter

Tobias Zepter walked around the HfG in Ulm for several years before studying architecture in Berlin and Delft. As a student, he worked for Hilmer & Sattler and, after they had set up their office, for Modersohn & Freiesleben. From 2003 on, he worked independently with small projects and a large family. Later he wrote the book *Das Leben der Dinge* ('The Life of Things'), a kind of monograph on the work of Modersohn & Freiesleben and a reflection of his own position, published in 2009.

After 2008 Tobias Zepter worked in partnership with Modersohn & Freiesleben on a hotel project in Cochin in the state of Kerala, India. For this project he and his family commuted between Cochin and Berlin from 2010 until 2015. The buildings in Kerala were constructed in close cooperation with local craftsmen and engineers. They reflect this cooperation and the close examination of local traditions, techniques and materials. In 2017, Antje Freiesleben and Tobias Zepter imported furniture designed by him and Hendrike Farenholtz and produced in Kerala for a "pop-up" sale in Berlin.

Since 2018 Tobias Zepter has been working in partnership with Sebastian Treese Architects on a house in Mumbai and on his own in Berlin.

Tobias Zepter lief einige Jahre um die HfG in Ulm herum, bevor er in Berlin und Delft Architektur studierte. Als Student arbeite er für Hilmer & Sattler und, nach ihrer Bürogründung, für Modersohn & Freiesleben, ab 2003 selbstständig mit kleinen Projekten und einer großen Familie. Später schrieb er das Buch *Das Leben der Dinge*, erschienen 2009, eine Art Monografie der bisherigen Arbeit von Modersohn & Freiesleben und eine Reflexion der eigenen Position.

Ab 2008 arbeitete er in Partnerschaft mit Modersohn & Freiesleben an einem Hotelprojekt in Cochin im indischen Bundesstaat Kerala. Dafür pendelte er mit der Familie von 2010 bis 2015 zwischen Cochin und Berlin. Die Bauten in Kerala entstanden in enger Zusammenarbeit mit den lokalen Handwerkern und Ingenieuren. Sie reflektieren diese Zusammenarbeit und die Auseinandersetzung mit den örtlichen Traditionen, Techniken und Materialien. 2017 importierte er gemeinsam mit Antje Freiesleben in Kerala produzierte, von Hendrike Farenholtz und Tobias Zepter entworfene Möbel für einen „Pop-up"-Verkauf in Berlin.

Seit 2018 arbeitet Tobias Zepter in Partnerschaft mit Sebastian Treese Architekten an einem Haus in Mumbai und selbstständig in Berlin.

Hans van der Heijden

Prof. ir. Hans van der Heijden (*Den Haag, 1963) ist Architekt und tätig im Bereich Wohnungsbau, Städtebau, Renovierung, Kulturbauten und Architekturanalysen. Die Renovierung des Bluecoat Arts Centre in Liverpool und die Neubauten in Hessenberg/Nijmegen und Lakerlopen/Eindhoven gehören zu seinen prämierten Entwürfen. Hans van der Heijden lieferte Beiträge zu vier Ausgaben des niederländischen Architekturjahrbuchs *Architectuur in Nederland*. Für die Rotterdamer Architekturplattform AIR erstellte er die Diskussionsreihe *ArchitectuurCases*. Er unterrichtete in Cambridge, gab Vorlesungen an der Architekturakademie „Academie van Bouwkunde" in Rotterdam und ist Honorary Visiting Professor in Contemporary Practice an der Universität Liverpool.

Hans van der Heijden studierte Architektur und Städtebau an der Technischen Hochschule Delft und begann seine Architektenlaufbahn bei Architectengroep Mecanoo. 1994 war er Mitbegründer von biq, wo er 20 Jahre als künstlerischer Leiter tätig war. 2014 gründete er sein eigenes Architekturbüro in Amsterdam.

Prof. ir. Hans van der Heijden (*The Hague, 1963) is an architect with a portfolio of residential buildings, urban design, re-use, cultural buildings and research. His award-winning designs include the Bluecoat Arts Centre restoration in Liverpool and the new-builds at Hessenberg in Nijmegen and Lakerlopen in Eindhoven. Hans van der Heijden co-authored four editions of the *Architecture in the Netherlands* yearbook. For the Rotterdam architecture platform AIR, he programmed a series of debates entitled *Architecture Cases*. He has been a professor in Cambridge, lectures at the Rotterdam Academy of Architecture and is the Honorary Visiting Professor of Contemporary Practice at Liverpool University.

Hans van der Heijden studied architecture and urban design at the Delft University of Technology. He began his career with Mecanoo Architecten. In 1994 he was a co-founder of biq, where he worked for twenty years as design director. In 2014 he started his own practice in Amsterdam.

Ijoma Mangold

Ijoma Mangold was born in Heidelberg in 1971. He studied literature and philosophy in Munich and Bologna and now lives in Berlin. Following positions with the *Berliner Zeitung* and the *Süddeutsche Zeitung*, since 2009 he has worked for *ZEIT*, where he was their managing editor for literature between 2013 and 2018. At present, he is their cultural-political correspondent. Together with Amelie Fried, he moderated the ZDF show 'Die Vorleser' ('The Readers'). Mangold is a recipient of the Berlin Prize for Literary Criticism, has held guest professorships in Göttingen and St Louis, and is a regular critic on the 'Lesenswert-Quartetts' ('Worth Reading Quartet') hosted by SWR. In the summer of 2017, his book *Das deutsche Krokodil – Meine Geschichte* ('The German Crocodile: My story') was published by Rowohlt Verlag.

Ijoma Mangold wurde 1971 in Heidelberg geboren, studierte Literaturwissenschaften und Philosophie in München und Bologna und lebt heute in Berlin. Nach Stationen bei der *Berliner Zeitung* und der *Süddeutschen Zeitung* ist er seit 2009 bei der *ZEIT*, deren Literaturchef er von 2013 bis 2018 war; jetzt ist er ihr kulturpolitischer Korrespondent. Mit Amelie Fried moderierte er die ZDF-Sendung „Die Vorleser". Mangold ist Träger des Berliner Preises für Literaturkritik, hatte Gastprofessuren in Göttingen und St. Louis und ist ständiger Kritiker des „Lesenswert-Quartetts" im SWR. Im Sommer 2017 erschien sein Buch *Das deutsche Krokodil – Meine Geschichte* im Rowohlt Verlag.

Joachim Sartorius

Joachim Sartorius (born 1946 in Fürth) is a poet, translator and editor, based in Berlin and Siracusa / Sicily. He is a member of the German Academy of Language and Literature.

Joachim Sartorius (geboren 1946 in Fürth) ist Lyriker, Übersetzer und Herausgeber, der in Berlin und Syrakus / Sizilien arbeitet. Er ist Mitglied der Deutschen Akademie für Sprache und Dichtung.

Falk Jaeger

Prof. Dr.-Ing. Falk Jaeger studied architecture and history of art at Braunschweig, Stuttgart and Tübingen. He was awarded a doctorate at the Technical University Hanover.

From 1983 to 1988 he worked for the Institute of History of Architecture at the Technical University Berlin, followed by teaching appointments at various universities. 1993 to 2000 he was appointed Chair of Theory of Architecture at the Technical University Dresden. Since 2000, he is holds an extraordinary professorship there.

He is living in Berlin as a free-lance architecture critic and author, working on architecture, theory and history of architecture for major newspapers, architecture magazines and radio stations, and published more than 30 books.

Prof. Dr.-Ing. (arch.) Falk Jaeger studierte in Braunschweig, Stuttgart und Tübingen Architektur und Kunstgeschichte und wurde an der TU Hannover promoviert.

Von 1983 bis 1988 war er Assistent am Institut für Baugeschichte und Bauaufnahme der TU Berlin, übernahm anschließend Lehraufträge an verschiedenen Hochschulen und hatte 1993 bis 2000 den Lehrstuhl für Architekturtheorie an der TU Dresden inne. Seit 2000 ist er apl. Prof. der TU Dresden.

Er lebt in Berlin, arbeitet seit 1976 als freier Architekturkritiker für Tages- und Fachpresse sowie Fernsehen und Rundfunk und hat mehr als 30 Bücher veröffentlicht.

Oda Pälmke

Prof. Oda Pälmke ist freischaffende Architektin in Berlin (odapaelmke.de) und Autorin einer Reihe von Büchern, in denen sie typologisch-morphologische Qualitäten von Gebäuden und das Wesen der Gestaltfindung untersucht. Sie hat an der TU und an der HdK Berlin Architektur studiert, war anschließend Projektleiterin im Büro Kollhoff und Timmermann für das Wohngebäude Drontheimer Straße, dann Wissenschaftliche Mitarbeiterin an der Bauhaus-Universität Weimar, Gastprofessorin für Architektonisches Entwerfen an der EPFL – Ecole Polytechnique Federale de Lausanne, der HfbK – Hochschule für bildende Künste Hamburg, der TU Dortmund, der BTU Cottbus und ist nun Universitätsprofessorin für Raumgestalt und Entwerfen an der TU Kaiserslautern fatuk.

Prof. Oda Pälmke is a freelance architect in Berlin (odapaelmke.de) and author of a series of books in which she examines typological-morphological qualities of buildings and the nature of design. She studied architecture at the TU and the HdK Berlin, then was project manager in the office of Kollhoff and Timmermann for the residential building Drontheimer Straße, later research assistant at the Bauhaus University Weimar, visiting professor for Architectural Design at the EPFL—Ecole Polytechnique Federale de Lausanne, at the HfbK—Hochschule für bildende Künste Hamburg, at the TU Dortmund, at the BTU Cottbus, and is now full professor for Spatial and Architectural Design at the TU Kaiserslautern fatuk.

Katrin von Maltzahn

Katrin von Maltzahn (* 1964 in Rostock) ist bildende Künstlerin in Berlin und Professorin im Studiengang Freie Kunst an der Hochschule für Künste Bremen. www.katrinvonmaltzahn.com

Katrin von Maltzahn (* 1964 in Rostock) is a visual artist based in Berlin and a professor for Fine Art at the University of the Arts Bremen. www.katrinvonmaltzahn.com

Jan Svenungsson

Jan Svenungsson (* 1961 in Lund, Schweden) ist bildender Künstler in Berlin und Professor für Grafik und Druckgrafik an der Universität für angewandte Kunst Wien. www.jansvenungsson.com

Jan Svenungsson (* 1961 in Lund, Sweden) is a visual artist based in Berlin. He is professor for graphics and printmaking at the University of Applied Art Vienna. www.jansvenungsson.com